雪女

百年の伝承

辺見じゅん
木下順二
鈴木サツ
松谷みよ子
そしてハーン

Toda Masaru
遠田 勝

幻戯書房

はじめに

この本は、わたしがこれまでに書いた「雪女」に関する論文をまとめたものである。単行本にするにあたって、タイトルにあわせ、「雪女」の「百年の伝承」を見渡すように、全体の構成・論述を大幅に書き改めている。わたしの「雪女」論としては、これを決定版としたい。

一連の論文のはじまりは、ラフカディオ・ハーンの「雪女」がどのように誕生したのか、その材源の調査だった。ハーン（一八五〇―一九〇四）は、ギリシャ生まれのイギリス育ち、二〇歳のときアメリカに渡り、アメリカ南部のルポルタージュや仏領西インド諸島の紀行文によって作家として認められた。一八九〇年に来日。島根県松江や熊本で英語教師をつとめ、知られざる日本を美しい英語で世界に紹介した。のち、小泉節子と結婚し小泉八雲と名乗り、日本国籍を取得。晩年は東京帝国大学で英文学を講義しながら、「怪談」の再話に没頭し、世を去る一九〇四年に *Kwaidan*（『怪談』）を出版した。ハーンの最高傑作のひとつといわれる「雪女」は、ここに収められている。その材源の調査の結果は意外なもので、「雪女」という物語は、実質的には日本の断片的口碑を利用しただけの、ハーンの創作であることがわかった。

民話「雪女」がハーンを淵源としているとわかれば、その流行の跡は追いやすい。もとにあるのは明治末に出版された一冊の英語書籍だから、たどるべき流れは数もかぎられており、またその間も、わずか百年ほどしかない。興味のおもむくままにその痕跡をたどっていくと、まず邦語訳の出版—山岳伝説への翻案—松谷みよ子による再話へと続く。この間の伝承は、活字から活字への伝承、つまり完全な机上の書承であって、表向きは口承民話のように装われながらも、実際にフィールドで採取されたものは一話もなかった。

しかし、ここから先、また不思議なことがおこる。おりからの民話ブームもあって、「雪女」は日本各地の土地の方言で民話として語られるようになるが、やがて遠野の有名な語り部・鈴木サツにひろわれ、昔語りとして、今では消えてしまった古い遠野方言で語られていたのである。その記録は音声で、そして後には、困難をきわめた翻字により、活字でも残されている。

この鈴木サツによるみごとな語りを聞いて、わたしは考えこんでしまった。わたしはそれまで、口承と書承を別の系統として、あるいは口承から書承へという「進化論」的な発展として民話の記録を考えていたが、現実には口承と書承の交代はもっと頻繁に、かつ複雑に入り乱れていた。この「雪女」の伝承論は、原拠からわずか百年の流行をたどっただけの〝短期〟の考証だが、それでも、これだけ意外な転成が生じていたのである。国字誕生から千年を超える歴史を振り返ったとき、どれほどの数の民話が口承と書承のあいだで生々流転を繰り返してきたのだろうか。

もうひとつ、この百年の「雪女」伝承論のなかで考えてみたかったのは、語り手たちの、語りたい、語らざるをえないという〝語りへの欲求〟である。創造への欲求、創作への欲望といいかえてもいいが、柳田民俗学がこの問題を回避しがちであるのに対して、「雪女」の伝承においては、再話の根本的な原因・動機として強く働いていた。それがなければ、そもそもハーンの「雪女」が誕生していなかったはずだし、松谷みよ子の童話「雪女」も生まれず、鈴木サツによる遠野の昔語りもなかったのである。

この芸術的創造性を民話の世界でいかんなく発揮したのが木下順二である。木下の戯曲『雪女』は、木下の創始した「民話劇」ではなく歌舞伎用の台本で、名優六代目中村歌右衛門たっての願いによるものであった。歌右衛門ほか豪華配役で上演され、それなりの評判をえたが、しかし木下自身は出来が気にいらず、全集・作品集はもちろん単行本にも収録しなかったので、熱心な歌舞伎ファン以外にはほとんど知られていない作品である。

木下順二はハーンと縁の深い人で、ハーンがかつて教鞭をとった熊本の五高（旧制第五高等学校）に学び、そこでハーンの長文の評伝まで書いている。木下が戦後、民話劇『夕鶴』をもってはなばなしく文壇にデビューし、その後、数十年におよぶ民話ブームをひきおこした背後には、少なからずハーンの影響があったようにも思えるのだが、戦後の木下は、なぜかほとんどハーンに言及しなくなってしまった。この謎めいた二人の関係を考えるために、わたしはまず木下の『夕鶴』とハーンの「雪女」の比較をした。つぎに、歌舞伎『雪女』の成立過程を調べ、ハーンの「雪女」が原拠としてどのように利用され、どう改変されたのかを指摘したうえで、歌舞伎

『雪女』の成立とその後の「隠蔽」にはハーンへの強い対抗意識がうかがえること、また、その批判と対立の関係において、ハーンの木下への影響を考えるべきだろうと結論した。

民話や伝説は、継承されるうちに短く縮むこともあれば、別系統の物語を取りこんで、長くなることもある。

辺見じゅんは、『男たちの大和』や『収容所《ラーゲリ》から来た遺書』などで知られるノンフィクション作家であるが、民話作家としても重要な業績を残している。代表作『愛の民話』に描かれたのは、その多くが、日本の各地につたわる非業の死と弔われなかった怨霊たちの物語だった。その文学デビューから一貫して鎮魂と慰霊の語り手だった辺見は、民話の再話においても思い切った実験をしていた。それが富山の「十六人谷」伝説で、辺見はこの伝説の後半にこっそりと「雪女」を取り込んでいた。平凡な樹霊のたたり話を、人間の性愛の深淵がのぞく恐ろしい「怪談」に、作り変えたのである。これは「雪女」の民話化であると同時に、民話の「雪女」化でもあった。

民話「雪女」は、百年にわたる伝承のなかで、ハーンの原話がもつ「雪の女王」的性格や母性神的特徴が失われ、女神に誘惑・翻弄される男のマゾヒズムも消えて、狐女房や鶴女房のような温和な異類婚姻譚に近づいていくのだが、辺見じゅんは、当時の民話ブームの中心にいた松谷みよ子のこれ見よがしの童話化を拒み、また旧伝承にまとわりついていた通俗的な扇情表現も、きれいにぬぐい去った。辺見だけは、原話からハーンのロマンティシズムを自作に移植したのである。

これら日本化した民話からハーンの「雪女」を逆照射すると、ハーンの原作に隠されていた危険な性愛の側面が見えてくる。ハーンの「雪女」は、表面上、その母性の神話化が目立っているが、その内側には危険なラブ・ロマンスが潜んでいた。若く美しい「母」への禁忌的な愛情を、物語の内側に封じ込めること。子供を捨てる母親の悲しみを、その身勝手な冷酷さとともに、神話として語り直すこと。それが「雪女」という、言いようのない悲しさと美しさを湛えた物語の正体ではないかと、わたしは思った。ハーンの「怪談」は多かれ少なかれ、そうした自伝的告白の要素をもつものだが、この「雪女」についていえば、彼が長く胸底に秘めていた傷跡と愛情が、素直に、無防備に、語られているのではないか。雪女という異国の伝承の「仮面」をかぶることで、実世界のモラルから解放されて、心の内奥の声を素直に物語った作品なのだと思う。だからこそ、ハーンは、それがほぼ自身の創作であるにもかかわらず、「これは武蔵の国の調布という村の農夫から聞いた物語である」と、作品集の冒頭に断り書きを入れたのかもしれない。もともと、そうしたエキゾチックな韜晦こそが、*Kwaidan* という英語の書物の、そして Lafcadio Hearn という作家の生涯のスタンスであり戦略だったからである。

目次

凡例

一、本書は、ラフカディオ・ハーン「雪女」の伝承に関する論文をまとめた上、大幅に改稿したものである。

一、翻刻について、漢字の旧字体は新字体に、俗字は正字に改めた。強調の圏点は省き、また踊り字（繰り返し記号）」は仮名に改めた。ルビの多くは省略したが、難読と思われるものは補った。原本の明らかな誤りについては、〔ママ〕を括弧内にいれ、注意を促している。

一、引用の原拠、その他註釈は、本文中に通し番号（例：＊１０）を付し、各章ごとに章末にまとめた。

一、著者による註釈は〔 〕内に示した。

一、本書の中には今日からみると不適切と思われる表現があるが、資料性を鑑み、そのままとした。

「雪女」、百年の伝承——辺見じゅん・木下順二・鈴木サツ・松谷みよ子・そしてハーン

一　白馬岳の雪女伝説の誕生

「データベース」のなかの「雪女」

国際日本文化研究センター（日文研）のホームページに「怪異・妖怪伝承データベース」[*1]という書誌が公開されている。これは、日本民俗学の文献から集められた標題についての情報三万五二五五件（二〇二三年五月現在）を、妖怪研究の第一人者、小松和彦がデータベースにまとめた画期的なものだ。

たとえば今、検索窓に「雪女」という言葉を打ち込んでみると、たちどころに三〇件もの書誌データと内容の要約を引き出すことができる。そのなかには、雪女伝説の記録としては最古の部類に属する宗祇の目撃談もあれば、雪女とすれ違ったら目をそらさねばならないという、マタギの言い伝えもある。また、赤ん坊を抱かされると、それがだんだんと重くなるという妖怪「産女《うぶめ》」と同型の伝説もあって、日本民俗学の視座からとらえられた雪女伝説のあらましを、短時間のうちに概観することができる。おそらく今後は、民俗学だけでなく、昔話や文学・説話研究においても、怪異現象にまつわる言説の研究は、このデータベースを中心に進んでゆくだろう。

ただ、ハーン研究の立場からすると、気になる点もある。たとえば、ここには二件、長野県と岩手県の伝承として、ハーンの「雪女」にそっくりな物語が記録されている。そのひとつ、民俗学雑誌『あしなか』に報告された「白馬岳の雪女郎」[*2]（一九八九）を見てみよう。

ある日、猟師の茂作と箕吉という親子が、吹雪におそわれ山小屋に避難するが、その夜、雪女郎があらわれ、父の茂作の命を奪う。しかし、若い箕吉のほうは、ここで見たことはだれにも話してはならぬと口止めされたうえで、許される。それから一年が過ぎ、ふたたび雪が降る頃、美しい小雪という娘が、旅に行き暮れ、箕吉に一夜の宿を乞う。箕吉と小雪は恋におち、夫婦となって、子供もできるが、ある晩、山小屋での出来事を語ってしまったために、小雪は姿を消してしまう――。

ハーンの「雪女」との主な違いは四点。第一に、物語の舞台が、ハーンでは武蔵の国、川の渡しを前にした森であるのに対して、信濃の国、白馬岳の山中での出来事となっている点。第二に、ハーンでは、年老いた茂作と若い巳之吉という二人の木こりが主人公であったのに対して、白馬岳の伝説では、茂作と箕吉という親子の猟師の話になっている。そして第三に、ハーンの作品では巳之吉の父が不在であるのに対し、白馬岳の物語では、逆に母親が不在であること。そして最後に、子供の数がハーンの十人から五人に減っている点。全体の印象としては、『怪談』(一九〇四／初邦訳一九一〇)の「雪女」は、いかにもハーンらしいロマンティックな誇張が目立つのに対して、白馬岳の伝説のほうは、信州の口碑らしく、地味で自然な感じがする。この二つの伝説の関係をどう考えるべきなのだろうか。

ハーンは『怪談』の序文で、「雪女」は、武蔵の国西多摩郡調布村の農夫の語った話であるとわざわざ注している。そしてハーンの長男・小泉一雄の回想記(一九三一)によれば、小泉家には東京時代の後半に、それらしい調布村の農夫と娘が確かに出入りしている。[*3]「府中調布在の農家の娘で名をお花」という娘と、その父親の宗八がそれで、そうしたさまざま証言をあわせて考えると、ハーンの「雪女」は、こうした白馬岳の伝説をもとにしたロマンス、あるいは、関東周辺にそれによく似た口碑が流布していて、ハーンがそれを西洋風に潤色したようにも思えてくる。「怪異・妖怪伝承データベース」にハーンの「雪女」は記載されていない。この書誌の調査の対象は、『あしなか』のような民俗学関係の雑誌が中心で、竹田旦《あきら》編『民俗学関係雑誌文献総覧』に載る民俗学雑誌を網羅しているものの、書籍のほうは比較的弱く、『日本随筆大成』第一期から第三期（吉川弘文館、一九七五―八）までと、各都道府県史の「民俗編」、それに柳田国男『妖怪名彙』に限られている。かりに今後、この方面でのデータの追加があったとしても、ハーンのような外国人作家の短編小説が、このデータベースに追加されることは、この書誌の学問的性格から考えて、おそらくないだろう。そうなると、この書誌をもとに考察するかぎり、民間伝承とハーンの「雪女」のつながりを知ることはできない。

いったい、この両者の関係はどうなっているのか。わたしは、いつか自分で調べて、この疑問を解決したいと思っていた。それで日本各地に伝わる雪女の伝承を集めて、その系統を整理してみることにした。

白馬岳の雪女伝説はハーンの「雪女」に由来する

結論を先にいってしまえば、白馬岳の雪女伝説は、まちがいなく、ハーンの「雪女」に由来する。白馬岳の地名がなくても、ハーンの物語によく似た内容をもつ雪女の口碑伝説は、その大部分が、ハーンから出たものであろうと、ほぼ立証できた。その源流をつきとめてみると、そこにあったのは、一人のジャーナリストのいたずらといってもいいような軽はずみな創作だった。

ただし、わたしがこの本で一番書きたかったのは、「雪女」の口碑化の経路ではなくて、そうして口碑化、民話化されるなかで、ハーンの原話から何が消され、何が付け加えられたのかという、物語の改変・変容のほうである。さまざまな背景をもった「作家」や「語り手」たちが、ひとりの創作者として、どのような動機と意図をもって、「雪女」をとりあげ、語り直したのか。そして、それら改作の背後にあった時代背景についても、書いておきたいことがたくさんあった。一九六〇年代から七〇年代の日本を席巻した民話ブームのなかで、活字から演劇へ、テレビ・アニメへ、公民館での方言による口演、幼稚園での語り聞かせへと、めまぐるしく変遷するメディアと舞台において、「雪女」はどのように変貌したのか。その考察を通して、あらためて、第二次世界大戦後の民話ブームとはなんであったのか、その本質を考えてみたい。

話をハーンに戻そう。ハーン研究者としてわたしの一番の興味は、物語の隠れた深層である。

「雪女」は、これを読む者に強い印象を与える傑作であるにもかかわらず、その感動が、いったい何に由来するのか、充分語り尽くされたとはいえない、謎めいた作品だからである。その謎を、すこし迂遠に思えるかも知れないが、日本の様々な作家や語り手たちの「雪女」への関心のよせ方からも探ってみたい。

そして最後にもうひとつ考えてみたい謎がある。「雪女」がハーンの創作、あるいは創作に近い作品だとするなら、なぜ彼は武蔵の国の農夫に聞いた話であるという、紛らわしい序文を付したのか。これはいまさら実証しようもなく、憶測を書くしかないのだが、触れずにおくにはあまりにもふしぎな謎なので一応の答えを用意してみた。

これから始める考証は、一般の読者の方々には、少し退屈なものになるのではないかと心配している。なにしろ「雪女」という、たったひとつのモチーフを百年近くにわたって追い続けるすこし長い単調かもしれない旅だからである。でも、できれば、それを我慢して、しばらくお付き合い願いたい。きっとその後で、あるいは途中でも、「物語」とそれを語らざるをえない人間について、また、そうした語りを生み出した時代とメディアの力について、これまでとは違う風景が、見えてくると思うからである。

民俗学の流行、山の伝説さがし

一九三〇年以降、長野県と富山県を中心に数多く報告されてきた、白馬岳の雪女伝説であるが、これまで指摘されたものに、わたしの調べたものを付け加え、一定の条件で絞りこみ、年代順に並べてみると、以下の八話になる。その条件とは、話のなかに白馬岳という地名が出てくること、ハーンの「雪女」と同型の「物語」であること（たんに雪女を目撃したという目撃談や、いろりにあたらせたら溶けてしまったという落とし話、産女《うぶめ》や山姥《やまうば》伝説と重なる、明らかに別系統の伝承をのぞく）、口碑あるいは古い伝説として記録されたものであること、さらに媒体としては刊行された書籍であること（雑誌・新聞は除外する）という条件である。なお、そうした条件をつけても、見落としの可能性はあり、一九六〇年代から七〇年代の民話ブーム以降の出版物については、調べきれていないので、実際の数はもっと多いだろうが、それはまた後日、追加、訂正することにして、とりあえずは以下のリストで考証を始めよう。なお採話地が明記されている場合は、それをタイトルの後に括弧内で補った。

1　「雪女（白馬岳）」青木純二『山の伝説　日本アルプス篇』丁未出版、一九三〇年

2　「白馬岳の雪女」巌谷小波編『大語園　第七巻』、平凡社、一九三五年

3「雪女郎の正体」（北安曇）村沢武夫『信濃の伝説』山村書院、一九四一年
4「雪女」（北安曇）松谷みよ子・瀬川拓男『信濃の民話』未來社、一九五七年
5「雪おんな」山田野理夫『アルプスの民話』潮文社、一九六二年
6「白馬の雪女」（長野）和歌森太郎ほか編『日本伝説傑作選』第三文明社、一九七四年
7「雪女」（富山県下新川郡朝日町）石崎直義編『越中の民話　第二集』未來社、一九七四年
8「雪女」（富山県中新川郡立山町）稲田浩二ほか編『日本昔話通観　第十一巻』同朋舎、一九八一年

採話地は、白馬岳山麓地方一帯、とくに長野と富山に多く、出版年も最古の『山の伝説』が一九三〇年であり、柳田国男の『遠野物語』（一九一〇）の採話者である佐々木喜善《きぜん》が自身の『聴耳草紙《ききみみぞうし》』を刊行したのが、これより一年遅い一九三一年であるから、日本の口承文芸出版の歴史からみても、かなり古い伝承といえる。一九一〇年の『怪談』邦訳から二十年あまり後とはいえ、これだけの広がりと古さを前にすれば、白馬岳の雪女伝説が、ハーンの「雪女」の原拠ではないかという勘違いが起こっても、無理はない。

なお、この青木純二の一九三〇年というのは、白馬岳の雪女伝説として最古のものであるだけではなく、白馬岳という地名をもたない、東北や関東にも流布する、ハーンと同一の話型をもつ雪女の口碑伝説と比べてみても、最古のものである。したがって、この青木の取材源を突き止め

ることが、白馬岳の伝承だけでなく、ハーン型の雪女伝説の来歴を知る上でもっとも重要なことといえるだろう。

「非・白馬岳系」の伝説と比較した場合、これら白馬岳の地名をもつ伝承群は、きわだった特徴を二つもっている。第一にストーリーの類似性が遙かに高いこと、第二に、8の『日本昔話通観』の話をのぞき、登場人物が、すべて茂作・箕吉という名前をもち、漢字の表記にいたるまでぶれがないことである。

青木純二の『山の伝説』は丁未《ていび》出版から刊行された三〇〇頁を超える大著である。『遠野物語』から『山の人生』（一九二六）へと山岳地方の文化と伝承に特別な関心を寄せていた柳田国男が十二頁もの期待をこめた序文を寄せていることからも察せられるように、日本アルプス一帯を扱う山の伝説集としては先駆的なもので、民俗学や地方誌の分野で今なお評価が高く、近年、復刻版が二度にわたり出版されている。

収録されているのは、立山《たてやま》、黒部《くろべ》、白馬《はくば》、上高地《かみこうち》、穂高、御岳《おんたけ》、乗鞍、駒ヶ岳、八ヶ岳などの、いわゆる日本アルプスの名峰にまつわる伝説一一七話で、自序によれば、「私は、山男たちから、山に住む人々から直接に聞いた口碑、古文書などに秘められた口碑をあさつて、ここに山の伝奇話を集めた」[*4]のだという。

この青木の本は、これまでハーン研究者に注目されることがなかったようなので、とりあえずは、雪女が箕吉を脅す場面を見ておこう。

…箕吉は、ぢつと女の顔をみつめた。眼は怖いけれど、大層美しい女だと思つた。

女も亦、暫く彼を眺めてゐたが、やがて、箕吉に向つて囁いた。

『私は、ほかの方のやうに、あなたをあつかはうとは思ひません。あなたはほんたうに美しい方だから、私はあなたを、どうもしますまい。そのかはり、あなたは、今夜のことを、誰にも話してはいけませんよ。たとへ、親身のお母さんにでもお話なさると、私には直《じき》とそれが知れますから、その時には、あなたを殺してしまひますよ。このことは、きつと覚えてゐらつしやい。[*5]』


一読して、ああ、これは口碑ではない、とがっかりするのではないか。とくにいけないのが、雪女のセリフのしつこい代名詞の使われ方で、これだけで、この話の素性は知れるのだが、念のため、平川祐弘訳で、ハーンの原作の該当箇所と読み比べておこう。


巳之吉は女がたいそう美しいと思った――眼はぞっとするほど恐ろしかったが。しばらく女は巳之吉をじっと見つめていたが、ほほえんで、囁いた、

「お前も同じ目にあわせてやろうと思ったが、なんだか不憫になった。お前はあんまり若いから。お前は可愛いから、今度は助けてあげる。しかし今晩のことは誰にも話してはいけな

い。たといお母さんにでも言えば、只ではおかない。そうしたら命はないよ。いいか、わたしの言いつけをお忘れでないよ」。[*6]

これはもう、記憶をもとに語ったというレベルの類似ではなくて、明らかに、ハーンの原話を机上において、一語一語、写したというレベルの類似である。

青木の「雪女（白馬岳《しろうまたけ》）」は、ハーンの「雪女」の翻案だったのである。[*7]

それでは青木が参照したハーンの「雪女」は、英語の原文なのか、それとも一九三〇年にはすでにいくつか出ていた和訳本なのか。

引き写された本邦初訳の『怪談』

これも、青木の話が、口碑ではなく、翻案だと気づきさえすれば、難しい問題ではなく、主人公の「ミノキチ」が箕吉と翻字されていることから、おおよその見当がつくのである。

中田賢次の調査によれば、ハーンの数ある翻訳で、「箕吉」という表記を使っているのは、ひとつしかない。[*8] それは、すみや書店から一九一〇年に刊行された高濱長江《ちょうこう》訳『怪談』で、これは日本で最初の『怪談』の完訳本である。高濱訳と青木の話の一節を対比してみよう。まずは高濱訳。

或夜、子供が寝静まつてから、お雪は行燈《あんどう》の灯で裁縫をしてゐる。と箕吉は、お雪を見ながら

『お前が恁《か》うして裁縫してゐる顔を、灯影で見てゐると、私が十八の時に出会《でつくわ》した妙な事を思出させる。彼《あ》の時、私の出逢つた人は、今のお前のやうに真白で美しかつた――全くお前のやうに太層美しかつた………』と云ふと

お雪は、自分の仕事からは眼を離さないで

『お咄《はなし》なさいよ、其の女の事を………何処でお逢ひなさつて？』*9

つぎに青木の「雪女（白馬岳）」の一節。

それは或夜のことであつた。小雪が、行燈《あんどう》の灯《ひ》で裁縫をしてゐるとき、箕吉は、ふと昔のことを考へながら云つた。

『お前が、かうして裁縫をしてゐる顔を灯影《ほかげ》で見てゐると、私が十八の時に出会つた妙な事を思ひ出す。あの時、私の出逢つた女は、今のお前のやうに真白で美しかつた。』と云ふと、

小雪は、自分の仕事から目を離さないできいた。

『お話なさいましな、その女のことを。あなた、何処で、そのかたにお逢ひなさいまして。』[*10]

青木の文には、高濱を引き写した跡が随所にうかがえる。なかでも決定的なのは、ハーンの原文 "To see you sewing there, with the light on your face" に当たる箇所で、高濱はこれを「お前が倸うして裁縫してゐる顔を、灯影で見てゐると」と、「灯影で見てゐる」という個性的な訳をしている。青木はそれをほとんどそのまま「お前が、かうして裁縫をしてゐる顔を灯影で見てゐると」と引き写しているのである。「灯影で見てゐる」という訳は、わたしの経験からいっても、そう簡単に出てくる訳ではない。

たとえば高濱訳の翌年に刊行された『英文妖怪奇談集』[*11]では、「お前が、燈りへ向いて針仕事をして居るのを見ると」となっているし、もっとも流布した第一書房版の全集（田部隆次訳）でも、「お前がさうして顔にあかりを受けて」と平板に訳されている。[*12] この一箇所を見ただけでも、青木が高濱訳を参照していたことは明らかだろう。

バレット文庫の「雪女」草稿では

白馬岳の雪女伝説が、ハーンの「雪女」に由来するもうひとつの有力な証拠をあげておこう。それはバージニア大学のハーン・コレクション（バレット文庫）にある、「雪女」の創作途上の、おそらくは中間段階と思われる原稿で、そこには「ミノキチ」「モサク」という名前が欠けているのである。これについて中田賢次はこう述べている。

（バレット文庫の）「雪女」七葉は、雪女出現のクライマックス場面の断片である。作品としての輪郭はかなりととのってはいるが、少年に父母がいたり、雪女が背高のっぽの姿になって消え去ったり、凍死した仲間が老人ではなさそうな点などを見ると、決定稿からほど遠い草稿と言えよう。しかも、この断片から推すと、二人の樵には名前がまだ付けられていないようである。[*13]

バレット文庫の草稿を今ここに引くことはしないけれども、「雪女」が、日本の口承伝説をほぼそのままの形で英語にしたものであれば、この段階の草稿に登場人物の名前、とくに主人公である「ミノキチ」の名前が欠けているはずがない。ここからは推測になるけれど、「ミノキチ」

「モサク」の名前は、物語がかなり完成してから、(ひょっとしたら)日本人の助力者と相談しながら、ハーン自身が付けたものではなかろうか。よく知られた例をあげれば、「君子《きみこ》」の場合、ハーンは、この物語を教えてくれた妻セツと京都の祇園を散歩中に、行灯の文字に「君香」「君子」とあるのをみて、この名をつけたのだという。[*14] まず物語があって、それから主人公の名を考えたのである。「雪女」でもハーンは同じプロセスを踏んだのではないか。ハーンは、日本語はできなかったが、日本語の響きには抜群の感性をもった人で、これは作中にわざわざローマ字表記で取り入れた、日本語のフレーズのすばらしさや、命名のセンスにはっきりとあらわれている。「雪女」にしても、その命名に注目すれば、なるほど老人は「モサク」がよく、若者のほうは「ミノキチ」でなくてはならない。ここにいかにもハーンらしい鋭い音感が感じられないだろうか。[*15]

この推定が正しいとすれば、「モサク」「ミノキチ」の名前がそのまま使われている日本の口碑伝説は、直接的にせよ間接的にせよ、つまるところは、ハーンの「雪女」から派生した物語なのである。

それにしても青木は、柳田国男の序文までもらいながら(これは改めて読み返すと、こうした青木の悪癖への警告を含んでいるようにも思えるけれども)、なぜ、こんなことをしたのだろうか。そもそも青木とはどのような人物なのか。

いたずら者の青木記者

青木純二の経歴については、これに触れた文献が一点しかなく、[*16] それを読んでも不明な点が多いのだが、青木の二冊の単行本の序文や、大正末から昭和初期にかけての『新聞及新聞記者』『日本新聞年鑑』などの年鑑類の、該当年度の記載事項をもう一度調べなおしてみると、[*17] おおよそ以下のようなことがわかる。

青木は、一八九五年六月十日、福岡市外千代町に生まれた。学歴としては「高等商業学校3年まで」としか書かれていない。その後、各地で新聞記者をしているのだが、勤務した社名を各年度ばらばらに報告しているので、いつ、どこで、どの新聞社に勤めたのか、正確な年度や順番がわからない。しかし、おそらくは福岡、北海道、新潟の順に任地をかえ、福岡毎夕、函館日日、高田新聞、新潟毎日を経て新佐渡主筆などを務めたのだろうと思われる。一九二二年度の記載には、高田新聞社会部に在籍とあり、一九一九年十一月に入社とある。一九二四年度の記載からは東京朝日新聞記者高田支局主任となり、ほぼそのままで、一九二九年度版（一九二八年発行）までつづき、それ以降、記者名鑑に名前が見えなくなる。したがって一九三〇年の『山の伝説』出版前後にはすでに新聞記者をやめていた可能性もある。

また、青木純二は改名後の名前で、一九二四年度の記載には「青木純二（中尾兵志改名）」とある。しかし、その前の一九二二年度の記載には「牛尾兵志」の名で記載があり、著書の序文にも「私が牛尾を姓し」という一文があるので、「中尾」は「牛尾」の誤植で、旧名は「牛尾兵志」が正しいようである。

著作としては「アイヌの伝説そのほか　5」とあり、一九二三年度の記載には「伝説の九州、九州怪談集」という二冊の書名もあげてあるが、青木のそのほかの著書としては、『アイヌの伝説と其情話』以外は確認できなかった。趣味は「諸国の土人形を集むること」、信奉する主義は「皇室中心主義」とある。

この経歴でわかるとおり、一九三〇年の『山の伝説』は青木の処女作ではない。彼は、それ以前に、北海道時代に集めた口碑伝説を『アイヌの伝説と其情話』と題し札幌の冨貴堂書房から一九二四年七月に出版していた。これはアイヌ伝説集としては出版史上、もっとも早い単行本のひとつで、『山の伝説』と同じく先駆的な試みだった。札幌での初版からほどなく、別の出版社から表題のみを変え版を重ねているので、評判も売行きも、それなりによかったのだろう。青木は企画者として優秀で、目のつけどころはいいのである。

青木はその序文で、

私が牛尾を姓し新聞記者として北海道各地を流転中に得た大きな仕事はこのアイヌ研究であつた〔。〕ここに書いたもの全部が古文書をあさり、あらゆる伝説研究書を読破し、その上、親しくアイヌ部落を訪ふて古老達に聞いた話ばかりである。

と、『山の伝説』と同じようなことを書いている。そして、あきれたことに、ここでも彼は、ハーンの「雪女」をもとに「雪の夜の女」というアイヌの伝説を偽造しているのである。

「雪女」、アイヌ伝説になる

『山の伝説』の「雪女（白馬岳）」では青木もそれなりに気をつかい、原作の木こりの老人と若者を、猟師の親子としたり、子供の数を十人から五人に減らしたりしているが、こちらのアイヌ伝説版では、ハーンの物語の細かい設定をほぼそのまま踏襲している。ただし、さすがにアイヌ伝説ということで、茂作、箕吉、小雪という和人名は使えず、老人、若者、女という普通名詞に置き換え、また「雪女」という呼称も、使っていない。その結果、物語はこんなふうに始まる。

「六十の坂を越した老人」と「未だ十八九の血気盛りの若者」が「毎日一緒に、村近くの大きな森へ仕事に通つてゐた」。「途中に可なり広い川が流れてゐた。そこには唯一艘の渡し舟があつて両岸の間を往来してゐた」。

女のしゃべる言葉はあいかわらず翻訳調で、

「私はお前を他の人間と同じ様にしてしまふ積りだつた。しかしお前は未だ若くて、美しい。それで今度は許してやるが、今夜見たことについて一言でも口外したならば、お前の命はそれまでだ」と言う。

女が産む子供の数も、ハーンの原話通り、寓話的な十人のままである。

ただ不思議なことに、これほど忠実に物語の設定を利用していても、肝心の「雪女」という言葉が使われていないために、妙にぼやけた印象しか残らず、読みおえてからも、これが雪女の物語だとはなかなか気づかない。あたりまえのことなのだが、雪女の物語は、「雪女」という言葉を用いてはじめて成り立つ物語で、いくら説明の言葉を書き連ねても、それが「雪の夜の白い女」ではどうにもならないらしい。その意味では、「雪女」伝説の本質を教えてくれる面白い翻案ではあるが、道義的にはやはり感心できない。

しかも、青木はもうひとつ、ハーンの「雪女」からアイヌ伝説を偽造している。

「赤き乳の出る岩」と題された物語がそれで、昔、落石の部落にニヤブという腕のよい猟師の若者がいた。ある日、ニヤブは村の老人と山奥に狩りに出かけるが、途中、老人を見失ってしまう。一日中探しても見つからず、若者は一夜を大木の洞のなかで過ごすことにするが、そこに美しい黒髪の山の精があらわれる。若者が老人の居場所をたずねると、女は、老人はもう里には帰れないと告げ、若者と一夜を過ごす。女は、このことを決して口外しないように命じて姿を消す。

その翌年、美しい女が若者の家を訪れる。若者はその女と結婚し、子供が生まれる。ある夜、若者は酒に酔って「俺はお前によく似た女をたった一度見たことがあるんだ」と山中の出来事を語ってしまう。妻は血相をかえ、「わたしこそその山の精です、あなたは誓を忘れました、もう、あなたと一緒に居ることが出来ません」と言い、自分の乳房を引きちぎって、傍らの岩に投げつけ、そのまま姿を消してしまう。

若者は気が狂ってしまうが、赤ん坊はその岩から流れ出る赤い乳をのみ、無事成人した。「乳房岩」は今も残っていて、乳の出ない婦人がこの岩に参詣すると、すぐに乳が出るようになる、というのがその物語である。

よくあるタイプの乳岩の伝説と混ぜ合わせているが、中心にあるのは、やはりハーンの「雪女」だろう。困ったことに、この話は、後に石附舟江という人が『伝説蝦夷哀話集』(函館太陽舎、一九三六)に「奇縁の妖精も子故の愛の闇」と改題し再話しているので、通俗的な書物のなかには、これをアイヌの伝説として伝えているものが他にもあるかもしれない。

さて、こうした偽造をどう考えたらいいものだろうか。もちろん青木は今日「東京朝日新聞記者」という肩書きから連想されるような、中央のエリート知識人ではないのだが、近代的な(この時代なりの)著作権意識と無縁の人ではない。ただ、こうした伝説昔話の出版物においては、出典や引用の作法について、妙にだらしのないところがあって、[*18]典拠を示さない流用などざらだったし、青木も、この世界ならではの、こんな抜け道を用意している。

だがお断りせねばならぬことは、口碑といひ、伝説といひ、あるひは記憶の謬錯があり伝聞の訛誤があり、あるひは移動転訛せるものも少くない。著者は歴史家ではなく、民族研究者でもないのでこれらの考証は他日に期して、ここでは、数年間苦心して蒐集した口碑伝説を列記するにとどめる。[*19]

たしかに、口碑伝説の転訛について、採話者は責任を負う必要はない。しかし、大正の末から昭和の初期に、同じ採話者が、北海道のアイヌから、そして次には、白馬岳の山人から、同じハーンの「雪女」に由来する物語を三度までも聞かされる確率はゼロに等しいだろう。

青木は、アイヌ伝説集の二話ではハーンという出自を隠そうとしているのに、『山の伝説』のほうでは、茂作、箕吉と名前の音をそのまま残し、題名にも雪女を用いて、ハーンとの近さをことさら強調しているように思える。その意図については推測するしかないが、ひとつにはアイヌ伝説二話の改作で、わたしが感じたように、この物語が「雪女」という言葉ぬきでは成立しないと気づいたためではなかろうか。そして第二に、札幌の小さな書店から出した前作とは異なり、『山の伝説』では、柳田国男の序文を付し、東京の出版社から出す以上、ハーンの「雪女」との類似を隠すことは難しい。であれば、むしろ積極的に、ハーンが依拠したと「推定」される、日本の原話になりすますほうが得策だと判断したのでなかろうか。だとしたら、もう少し上手に高濱の翻訳の痕跡を消すべきだったとも思うが、しかし、こんなずさんな翻案でも、彼の目論見はまんまと成功してしまったのである。なぜなら、ここから白馬岳の雪女伝説は、本当の口碑として流布しはじめ、ついには、これをハーンの原拠とする勘違いにまで至るからである。

物語は地名をもとめ、地名は物語に魔力を与える

これはハーンとは直接かかわらないことだが、青木は『山の伝説』と『アイヌの伝説と其情話』のあいだで、もうひとつ、奇妙ないたずらをしている。「桜の精（上高地）」は、たぶん、『アイヌの伝説と其情話』の「林檎の花の精」の使い回しだろう。話の内容は、山に狩りする若者が、山中で美しい女に出会い結ばれ、再会の約束をするが、若者は、恐ろしくなって、その約束を破ってしまう。翌朝、若者は満開の花の下で死んでいた。花の精にとりつかれたのだろう、というもので、北海道の林檎の花を、上高地の桜に変えたばかりの同工異曲、ヤマもオチもない、なんともつまらない話だ。しかし、こんなものが、花にまつわる古い伝説として、後世の書物に拾われてしまうのである。近藤米吉『続・植物と神話』（雪華社、一九七四）が掲げる、信濃の伝説「桜の精に見込まれた男」とアイヌの伝説「リンゴの花の精に見染められた男」がそれで、

「桜の精」のほうは、さらに秦寛博『花の神話（*Truth In Fantasy*）』（新紀元社、二〇〇四）に拾われている。どんな種子でも名のある土地に播きさえすれば、必ず芽が出て花開く。日本の風土というべきなのか、世界共通の現象であるのか、わたしにはよくわからないのだが、とにかく、それが物語と地名の不思議な関係らしいのである。

物語は地名をもとめ、地名は物語に魔力を与える。結局、白馬岳の雪女伝説の流布において、青木の果たした最大の功績――これを素直に功績というのは、ためらわれるのだけれども――それは、雪女の伝説を白馬岳という地名に結びつけたことだろう。

もともとハーンの武蔵の国という設定は、この傑作にとっての唯一といってもいい弱点だった。かつては武蔵の国でも大雪が降ったのだと弁護する向きもあるけれど、やはり民俗学的にみて、武蔵の国は、雪にまつわる口碑伝説の豊富な土地ではない。また、大河を前にした雪深い森という風景も、どちらかといえば、日本よりも、ヨーロッパや北米大陸を思わせるものだ。それを青木は、信越国境の雪深い山中に移し、さらには、白馬岳という、その名がすでに物語性をおびた日本アルプス屈指の名峰と結びつけたのである。

白馬岳の雪女――

このみごとに詩的な響きだけで、物語としての成功は、約束されたようなものだった。この時点で、青木の偽作の流布は、止めようがなかったのである。伝説や物語の世界では、地名、とりわけ、美しい山岳高地の名前は、それほど大きな魔力をもっている。そもそも企画としての目新しさ以外、なんの取り柄もない『山の伝説』が、たえず一定の愛読者と模倣者を得てきたのは、そのためだった。こうして、ハーンの「雪女」は、日本の口碑伝説として、初めての——そして決定的な一歩を踏み出したのである。ハーン自身が「雪女」という日本の怪談をほとんど創作しているのだから、青木がそれを白馬岳の伝説として語り直したことを非難するつもりはないのだが、それにしても、青木の偽装の乱用には感心できない点が多すぎる。

阿寒湖、疑惑のマリモ伝説の作者は?

青木がアイヌから日本アルプスへと、ユニークな伝説集をたてつづけに二冊刊行した背景には、青木の勤める朝日新聞社が、一九二二年から二四年にかけて、『山の伝説と情話』『海の伝説と情話』『諸国物語』という三部作を刊行し、成功をおさめていたという、わかりやすい事情があった。これは『朝日新聞』が読者によびかけて、全国各地の珍しい口碑伝説を投稿してもらい、それをまず紙上で連載してから、単行本にまとめるという企画で、三年にわたり継続したことからみて、相当に好評で、また、よく売れたのだろうと思う。

こうした口碑伝説集の成功を身近で見て、青木は個人で、まずアイヌの、次にアルプスの伝説集を出版したのである。ただ、『朝日新聞』が読者の投稿によった企画を、単独で、短期間に仕上げようとしたのが、まちがいの元で、しかも成功への野心を抑えきれずに、青木は、雪女伝説の偽作に手を染めてしまったのだろう。このややこしい出版事情ともからんで、青木には、もうひとつ、有名な伝説を偽作しているのではないかという疑惑がもちあがっている。

　阿寒湖のマリモ伝説は、北海道を旅行した者なら、たいていはどこかで聞かされる有名な話だ。アイヌの酋長の娘セトナと蘆笛《あしぶえ》の名手マニベが許されぬ恋のはてに命を絶ち、阿寒湖のマリモに姿をかえて、冷たい阿寒颪《おろし》が吹く頃、湖上には、女のすすり泣きにまじり、美しい蘆笛の音が響くという、悲恋物語である。しかし、この阿寒湖観光には欠くべからざる伝説が、地元のアイヌにはまったく知られていない話で、その出典をたどっていくと、結局は、青木の『アイヌの伝説と其情話』に載る「悲しき蘆笛」に行き着き、それより先には遡れない。どうもこれは青木の偽作した話らしい、という、白馬岳の雪女のケースによく似た、いかにも青木にふさわしい疑惑である[*20]。

　しかし、このほうは調べてみると、事実とは違っている。というのも青木の「悲しき蘆笛」の末尾には「(山の伝説と情話より)」ときちんと出典が書かれているからである。これはいうまでもなく、先にあげた、朝日新聞社刊の伝説集『山の伝説と情話』を指すのだが、これが青木の『山の伝説』と間違えられてしまったようなのである。もともと青木が自著に類似のタイトルを用いたためなので、自業自得といえないこともないが、青木はさすがにこの有名な伝説は捏造していない。

そこで青木の注にある朝日新聞社の『山の伝説と情話』を開いてみれば、その一七三頁から一八二頁に「阿寒颪に悲しき蘆笛」という記事があり、投稿者の名前も永田耕作ときちんと記されている。結局これが阿寒湖のマリモ伝説の正しい出典なのだが、それでは永田が、どのような人で、どこのだれからこの話の聞いたのかは、わからないらしい。

これはハーンの「雪女」とはかかわりのない余談である。しかし、このあいまいな出典注記という問題が、この後の、白馬岳の雪女伝説の流布に大きくかかわってくるのである。

巌谷小波にひろわれた「白馬岳の雪女」

次に白馬岳の雪女伝説が活字になって登場するのは、昭和の大説話集『大語園』の第七巻である。青木の「雪女（白馬岳）」は、現物を一読しさえすれば、ただちにハーンからの翻案とわかるものだが、しかし、『大語園』に載った「白馬岳《はくばがだけ》の雪女」は違う。

『大語園』編者の巌谷小波《さざなみ》は、いうまでもなく、日本の児童文学、説話文学の開拓者であり第一人者、明治大正期の大ベストセラー作家であるが、当時の小波は多忙をきわめ、また途中より大病に倒れてしまったので、実質的な編集・執筆は、小波の愛弟子である木村小舟が任されていた。この「白馬岳の雪女」も小舟の選で、彼の筆になるものと考えてよいだろう。

『大語園』は「日本、支那及朝鮮、天竺に流布せる神話、伝説、口碑、寓話、譬喩談等を結集大成」し、これを主題別に分類し全十二巻にまとめた昭和初期としては並ぶものない大説話集だが、その編集の方針としては「支那天竺の説話に対して、最も力を傾け」「また我国に於ける説話採録の年代は……明治時代の物は悉《ことごと》く割愛した」（第一巻凡例）とあるので、本来は、インド中国に由来する古典的説話の全集で、現代に流布する口碑は、収録の対象外のはずである。したがって、ここに白馬岳の雪女伝説が登場するのは奇妙にも思えるのだが、大正末から昭和のはじめにかけての巌谷小波は、小舟があきれ気味に「南船北馬と云はふか、東奔西走と申さうか、主として諸国の講演旅行に、其全力を傾倒」していたために、結果として「従来集積せる書典以外、地方的の材料をも、比較的容易に入手することが出来」たのである。[*21] そうして図らずも書架に積み上がってしまった「地方的の材料」の一本に、青木の書物があって、そこに載る雪女の話のあまりのおもしろさに、小舟がつい、これを抄録してしまったというのが実情ではあるまいか。

木村小舟は、小波のもっとも信頼する助手として、博文館などで日本の伝説童話の執筆に腕をふるった練達の再話作家である。

或秋のこと、白馬岳（越中越後境）の麓に住む、茂作と云ふ猟師が、息子の箕吉を連れて、山へ猟《かり》に出掛けた。

と語りはじめてから、

…小雪は屋根裏に出ると共に、一片の白い煙になつて消え、遂に山の方へ向けて失せてしまひ、それからはもう二度と、其姿を見る事が出来なかつたと云ふ。[*22]

と語りおさめるまで、ほぼ一頁。口碑としては、ありえないほど冗長な青木の文章を、いかにも山村の炉辺で、古老の語りきれる自然な長さに縮めたばかりか、青木の翻訳臭まるだしの、生硬、不自然な表現のことごとくを修正し、またいかにも俗っぽい「情話」めいた雪女のセリフもけずり、だれがどこからみても、本物の口碑伝説のように仕上げてしまったのである。それがあまりにも見事だったために、記事の末尾におかれた「(山の伝説)」という括弧書きが、出典の注記ではなくて、これは古来、山に伝わる伝説であるという、但し書きのように読まれてしまうことになった。

こうして「白馬岳の雪女」は、日本古来の口碑伝説として、念入りに化粧をほどこされたうえに、「巌谷小波」という最高のお墨付きまで得てしまったのである。

北安曇に出た「雪女郎」の正体

日米の開戦を半年後にひかえた一九四一年六月、長野県飯田市の小さな書店から『信濃の伝説』という本が出版された。この時代によくこのような本が出版できたものだと感心するが、どのような仕組みなのか、戦時の統制下、意外なほど多くの民話や伝説の単行本が、地方の小さな書店から出版されていた。戦後のものといわれる民話ブームだが、その萌芽は実はこの頃にあったらしい。『信濃の伝説』もすぐに続編が刊行され、また、正続をあわせ編集しなおし、『信濃伝説集』と改題のうえ、一九四三年に再刊されている。ただし、どの版も部数は多くなく、流通ももっぱら信濃地方に限られていたのではないかと思われる。とくに最初の一九四一年の『信濃の伝説』は稀覯本で、わたしの近隣でこの本を所蔵していたのは、大阪の国立民族学博物館だけで、わたしもその一本を閲覧させていただいた。

この珍しい本の中ほどに、「雪女郎の正体」という、「北安曇」の伝説が記されている。

白馬嶽の晩秋といへば木の葉といふ木の葉はもうすつかり散りはてて世はまぎれもなき冬の姿となり、と云つてスキーには早くこの山に登ると云へば猟師位のものとなるのである。*23

と妙に悠長な書き出しだが、読んでいけば、ここに登場するのは、猟師の茂作と箕吉の親子、ひどい嵐に襲われ、山小屋で休んでいるところに白い美しい女があらわれ、と、まぎれもない白馬岳の雪女伝説である。後に箕吉の嫁となる女は「小雪」を名乗り、生まれる子供は五人、と律儀に伝説を踏襲しているが、なぜか「雪女」とはいわず、最初から最後まで「雪女郎」という異称のみで押し通している。

著者の村沢武夫（一九〇一―九〇）は、長野県飯田市北方の生まれ、尋常小学校卒業後、飯田裁判所の給仕となり、のち書記にすすみ、勤務の傍ら、地誌の研究やアララギ派の歌人として歌作につとめ、地元の山村書店から、信濃の歌道史や伊那の歴史・芸能についての著作を多数、出版している。[*24]

村沢は、これら口碑伝承について「持って生まれた物好きから、信濃の国に伝わる口碑伝承と言ったものの跡を探り、古書をあさり、古老識学の士の言に耳を傾けて、集めたもの」[*25]といい、個々の話の出典はもちろん、古書をもとにした取材なのか、聞き書きを中心にしているのかも、明らかでない。

しかし、この「雪女郎」の伝説についていえば、このなかに「お前がかうして縫物をしてゐる横顔を灯影で見てゐると」[*26]という特徴的な一文が使われていることで、おおよその見当はつくのである。これは、いうまでもなく、先に青木が高濱訳を引き写した証拠として挙げた「お前が、いからうして裁縫をしてゐる顔を灯影で見てゐると」という一文を引き写したものにちがいないからである。つまり村沢の語る、北安曇の「雪女郎」の正体は、青木の雪女であって、この間の伝承は、またしても、机上の引き写しによるものなのである。

したがって、物語の大筋も青木と大差ないのだが、長さとしては『大語園』よりもさらに短く簡略化されている。ただし、その縮め方は、小舟ほど繊細でも巧みでもない。たとえば、雪女が白い息を吹きかけ茂作の命を奪う場面が欠落していたり、最後に子供について一言もふれないまま小雪が姿を消してしまったりと、文字による伝承で、ここまで抜け落ちてしまうのかと驚くほどの変貌ぶりで、これがまた、次の世代の伝承で、読み解くのに少々、手間のかかる、ややこしい混線の問題を生むのである。なお、本章の冒頭にあげた、民俗学雑誌『あしなか』に報告された「白馬岳の雪女郎」は、タイトルからもわかるように、村沢の「雪女郎の正体」に依拠した再話であろう。

第一章　註釈

1　http://www.nichibun.ac.jp/YoukaiDB/
2　胡桃沢友男「白馬岳の雪女郎」、『あしなか』（山村民俗の会）、二一三号（一九八九年十月）、一一頁。

3　小泉一雄『父「八雲」を憶ふ』、警醒社、一九三一年、一一六頁。

4　青木純二『山の伝説　日本アルプス篇』、丁未出版、一九三〇年、二頁。

5　同、九七頁。「雪女（白馬岳）」全文は本書七章（二二八頁）に翻刻。

6　平川祐弘編『怪談・奇談』、講談社学術文庫、一九九〇年、八一頁。

7　ハーンの「雪女」の翻案としては、青木よりもさらに古いものがある。大塚礫川「伝記物語　雪女」で、一九一八（大正七）年二月に博文館の『家庭雑誌』（一二二―三三頁）に発表された。現在は志村有弘編『怪奇・伝奇時代小説選集四　怪異黒姫おろし　他一二編』（春陽堂、二〇〇〇年）にも収録されている。元の雑誌にも春陽堂版の解説にも、出典についての注記はないが、内容からみて、明らかにハーンの「雪女」に依拠した翻案である。これは表題にいう通りの「伝奇物語」で、口碑あるいは土地の伝説を「採話」したものとはされていないので、この章の考察の対象とはならないものの、ハーンの「雪女」の翻案としては、わたしの知るかぎり、これがもっとも古いものである。舞台は、上野国《こうずけ》利根郡武尊山《ぶそんざん》の麓の針山《はりやま》村、喜作と茂市という炭焼きがある日、山中で吹雪に襲われ云々、と物語は、おおむねハーンの原作どおりに進行する。その共通点と変更点を細かく検討するまでもなく、これが青木同様、ハーンの翻案であることは、以下の雪女のセリフを英語原文と引き較べてみるだけで明かだろう。

私は此の老人と同じやうに貴方を待遇《あしら》はうと思ひました。けれども若い貴方をお気の毒にね――いいえ、それかと云う〔ママ〕て私は些《すこ》しも貴方を愛さうなどとは思ひません。茂市さん、貴方は可愛いお方ね、私は今貴方をどうもしやしませんが、　（一二三頁）

I intended to treat you like the other mar.. But I cannot help feeling some pity for you, ...because

> you are so young…You are a pretty boy, Minokichi; and I will not hurt you now.
>
> （*The Writings of Lafcadio Hearn*, Boston & New York, 1922, vol. XI, 227.）

ちょっと不思議なのは、セリフの中段が意味不明なことで、ここは原文からは「けれども、お前はあんまり若いから、殺すのはかわいそうになった」くらいになるのだが、それがどうして「貴方を愛さうなどとは思ひません」となるのか？

面白いことに、このくだりは、一九一〇（明治四十三）年に刊行された高濱長江訳『怪談』（すみや書店）でも同じようにおかしな訳になっている。

> 私は外の方のやうに貴郎を待遇はうと思ひました、けども貴郎が剰り若いから――貴郎に懸想しやうとは思はない……箕作《ママ》さん、貴郎は綺麗な子供ね。私は今、貴郎をドウもしやしません。
>
> （一〇一頁）

“cannot help feeling some pity”という表現は、明治・大正の人にとっては、やや難しい慣用句だったのかもしれない。あるいは、礫川は、英語原文ではなく、高濱訳を参照していたのかもしれない。いずれにせよ、礫川の文章は、そうとう手慣れていて、

> 空を摩すばかりに立ち並んだ大杉の密林、それは此の山ができてから一度も斧を入れたことがないと云はれてゐるだけに、山に生活してゐる者には『恐ろし〔ママ〕処』と名によばれて、一の難所となつてゐる。その栗の木沢を喜作と茂市が懸命に通り抜けようとする時分は、枝をならす雪おろし、山を動かす雪崩の響き、笠も蓑も雪にとられ、我慢にも剛情にも前へは一足も運べぬ

やうになつた。喜作と茂市の両人は、「これぢや迚《とて》も足掻《あが》きがならねえ、そこらの小屋で一休みして雪のやむのを待たう」　（一二三―四頁）

と、セリフの江戸訛りはご愛敬として、なかなかの名調子だ。冒頭におかれた日本武《やまとたけ》尊東征の挿話、尊に愛された姫君をまつる上妻《かみづま》明神、その土子をまつる巌鼓《いはつづみ》権現のいわれ、そして「その上妻明神の侍女が幾人となく雪女となつて、大雪の降る日には山へ出るなどとも云はれてゐた」（一二三頁）という伏線も、それなりに効いている。礫川は、当時、小石川あたりに居住していた、多少は名の知れた文士の変名なのかもしれない。

礫川の物語は、ハーン「雪女」の翻案としては、圧倒的に古く、しかも出来は悪くないのに、これがさらに再話されたり、口碑化した形跡は、わたしの調べたかぎりでは、存在しない。これを青木の『山の伝説』や村沢武夫の『信濃の伝説』といった、単行本の影響力の大きさと較べると、同じ活字化とはいえ、民話と銘うたない雑誌記事の後世への影響力というのは、きわめて限定的なものらしい。

8　中田賢次『小泉八雲論考―『怪談』を中心として―』、私家版、二〇〇三年、六一頁。
9　小泉八雲著・高濱長江訳『怪談』、すみや書店、一九一〇（明治四十三）年、一〇六頁。
10　青木純二『山の伝説』、九八頁。
11　ラフカディオ・ヘルン著、本田孝一訳註『英文妖怪奇談集』、秀文館、一九一一（明治四十四）年、二二三頁。
12　『小泉八雲全集　七』（学生版）、第一書房、一九三一年、二五八頁。
13　中田賢次『小泉八雲論考』、三六七頁。
14　田部隆次『小泉八雲』、北星堂、一九八二年、二三一頁。

15　たとえば先にあげた大塚礫川の翻案では、炭焼きの名は、ハーンの茂作と巳之吉をもじっただけの、喜作と茂市で、どちらの名にもこれといった個性的な響きがないので、物語がひどく読みにくくなっている。

16　阿部敏夫「和人のアイヌ文化理解について―事例その1青木純二『アイヌ伝説』」、『環オホーツク：環オホーツク海文化のつどい報告書』、No.1（一九九四年）、六三―七三頁。

17　『新聞人名辞典　第二巻』（日本図書センター、一九八八年）所収のリプリント版を使用。

18　これは偽造とは別次元の問題であるが、伝説や昔話の再話において、一般的にその出典が明記されることがきわめて少ない。そして、青木の捏造した雪女伝説が本物の伝説として流布してしまう背後には、まちがいなく、この悪癖があった。児童文学作家の坪田譲治は、柳田国男から「昔話はお国のものだから遠慮しなくていい」といわれたことを理由に、昔話や伝説の再話に出典を記さなくなったという。この傾向は口碑の記録・再話ではさらにひどくなる。こうした風潮について、高森邦明氏は「昔話を「お国のもの」ということで、話を伝えてきた者、それを記録し整理した者を無視することは適当でない。なぜなら、原話とされるものも結局は一つの再話だからである」と厳しく批判している。高森邦明「富山民話読み物考―松谷みよ子の再話その他」、『富山大学教育学部紀要』、二四号（一九七六年）、一一―二一頁。

19　青木純二『アイヌの伝説と其情話』、冨貴堂書房、一九二四年、はしがき。

20　山本多介『阿寒国立公園とアイヌの伝説』、日本旅行協会、一九四〇年、一一頁。泉靖一「マリモの伝説」、『遺伝』、九巻八号（一九五五年一一月）、一〇―一一頁。煎本孝「まりも祭りの創造―アイヌの帰属性と民族的共生」、『民族学研究』（日本民族学会編）、六六巻（二〇〇一）、三二一頁。森由美「アイヌ伝説―マリモ伝説について」（http://web.archive.org/web/20060117225640/www.kgef.ac.jp/ksjc/ronbun/880340y.htm）

21　巌谷小波編『大語園　第一巻』「大語園の発刊に際して」、平凡社、一九三五年、四頁。
22　同　第七巻、五七五―六頁。「白馬岳の雪女」全文は七章（二三二頁）に翻刻。
23　村沢武夫『信濃の伝説』、山村書院、一九四一年、一四五頁。「雪女郎の正体」全文は七章（二四一頁）に翻刻。
24　村沢武夫『信濃伝説集』、一草舎、二〇〇八年、二八一―二頁。
25　同、一頁。
26　村沢武夫『信濃の伝説』、一四六頁。

二　松谷みよ子と童話「雪女」

民話を「書きたい」「読みたい」という情熱

敗戦の傷跡が日本各地から消えつつあった一九五六年、まだ無名の若い児童文学作家・松谷みよ子が、夫の瀬川拓男とともに信濃を旅していた。目的は民話の採集であったが、その様子を松谷はこう回想している。

……全く無鉄砲だった。汽車で乗りあわせた人の家にも押しかけ、山で木を伐っている人がいれば坐りこみ、養老院に勤めながら話を集めている人がいるときけばそこを訪ねして、歩き回った。若くて貧乏で夫婦で歩きまわれば資金繰りも大変になる。*1

そのために松谷は師匠の坪田譲治に借金までしたのだが、その苦労はやがて報われることになる。この調査で松谷は、のちに『龍の子太郎』となる小泉小太郎伝説を発見し、また安曇地方では雪女の伝説にも巡り会い、それらを収めた『信濃の民話』は出版されるや、たちまちベストセラーとなり、いわゆる「民話ブーム」を引き起こすことになるからである。

その後の松谷の活躍ついては、あらためて解説する必要もないのだが、その大きな業績だけを拾い上げておけば、一九六〇年、『信濃の民話』取材中に構想をえた童話『龍の子太郎』によってサンケイ児童出版文化賞・国際アンデルセン賞を受賞し、六四年には『ちいさいモモちゃん』で野間児童文芸賞、七二年の『松谷みよ子全集』で赤い鳥文学賞を受賞、そのかたわら『民話の手帖』を主宰するとともに、多くの民話集を刊行し、民話の研究者・再話作家としても大きな足跡を残すことになる。

話を信濃の旅にもどすと、松谷と信濃の縁はふかく、戦時中の疎開や結核の療養など、この地で何年もの歳月を過ごしている。松谷は、一九二六年、東京神田の生まれで、東洋高等女学校卒業後、銀行勤務などをへて、終戦前後の四年間、長野県中野市に疎開していた。そのとき、同じく野尻湖に疎開していた坪田譲治の知遇をえて、生涯師事し、童話作家としての第一歩をふみだしている。帰京後、五一年、あかね書房より『貝になった子供』を出版し、児童文学者協会新人賞を受賞するが、結核の発病や失業など苦労を重ねるなか、勤務先の人形劇サークルで、劇団人形座の瀬川拓男と出会い、その影響で木下順二を中心とする「民話の会」に参加、民話への傾倒と関心を深めていく。瀬川に導かれ、劇団や街頭紙芝居活動などに参加しながら、五五年結婚、劇団「太郎座」を創設し、五六年、未來社の「日本の民話」シリーズの第一巻となる『信濃の民話』出版のために、疎開の地であり、夫の実家（上田市）もある長野県に民話採集の旅に出たのである。

『信濃の民話』は、旅の翌年、一九五七年に刊行された。「民話は売れない」[*2]という、当時の出版界の常識を破り、売れに売れて、瀬川と松谷のもとにはただちに続編として『秋田の民話』の依頼がくる。こうして未來社の「日本の民話」は、一九八〇年に全七十九巻をもって、ようやく完結する大事業となり、一九六〇年代の民話ブームを先導したばかりか、一九七四年には、「ほるぷ」に版を移した「日本の民話」全二十六巻も、当たりをとって、第二次民話ブームの火付け役ともなった。[*3]

『信濃の民話』は、木下順二の民話劇『夕鶴』とともに、一九五〇年代から七〇年代まで、ほぼ三十年にわたる「民話の時代」を先導した歴史的な書物である。その編集は、左翼演劇青年でもあった瀬川の好みで「信濃の民話編集委員会」という、妙にモダンな集団名義になっているが、実質的には、瀬川拓男・松谷みよ子夫妻の共著共編で、これをベストセラーにひきあげた原動力は、時代の大きな流れとは別に、松谷みよ子個人の、それまでの口碑伝説の出版物にはなかった、知的であると同時にすぐれて大衆的な、明るい語り口にあったと思われる。そしてこの『信濃の民話』のなかに、「白馬岳の雪女伝説」は、安曇野の伝承として、四度目の、しかももっとも完成された姿での登場を果たすのである。しかし、そのみごとな民話「雪女」の末尾には、小さな活字で短い二行の注記が付されていた。

　採集　村沢武夫
　再話　松谷みよ子

松谷の「雪女」は、村沢の「雪女郎の正体」の再話だったのである。

わたしはかつて、この「村沢」を「信濃の民話編集委員会」の一人と思いこみ、松谷の「雪女」が、信濃の山麓で語りつがれた口承伝説を「採集」したものだとばかり思い込んできた。結局、これで青木純二から松谷まで、白馬岳の雪女伝説で、フィールドで採話されたものはひとつもなく、文献だけで一直線につながってしまったのである。

白馬岳の雪女伝説を伝承させてきたのは、民話を「聞こう」という情熱でなくて、民話を「書こう」という欲望だった。さらにいえば、そうして「書かれた」民話を「読みたい」という読者の需要が、民話の大規模な出版を後押ししていた。これが「雪女」の「民話化」の背後にあった原動力だったのである。

都市芸術としての「民話」

しかし、その内容についていえば、松谷の再話した「雪女」には、いくつもの驚くべき特徴があった。それは松谷の民話すべてに共通するものなのだが、とりあえずは「雪女」の次の一節を（できれば声に出して）読んでいただきたい。

戸がかたりとあいて、吹雪がどっと舞いこんだかと思うと、その風にふきこまれたように、一人の美しい娘が戸口に立っていたのです。

「誰だ。」

箕吉はさけぼうとしました。しかし声は出ません。体もうごきません。娘はすっと入ってくると父親の茂作の上に静かにかがみこんで、ふーっと白く凍った息をはきかけました。

「誰だ。」

箕吉はもがいて、又さけぼうとしました。


（松谷「雪女」[*4]）

ひらがなと擬音語の多い、シンプルで読みやすい文章は、松谷が坪田門下の児童文学作家であるから当然だが、もうひとつの特徴として、ストーリーが、セリフとアクションとト書きのような短い説明で区切られ、小気味よいテンポで進行することが挙げられる。ひとことでいえば演劇的なのである。これは、それまでの雪女伝説にはない特徴だった。雪女はハーンから村沢にいたるまで、基本的には三人称の物語として語られてきた。ハーンも時にはすばらしく劇的に物語るが、全体としてここまでシナリオ的ではないし、リズムもまた、これほど単純・陽気ではない。ハーンの「雪女」が、心の奥底の記憶や思念をのぞきこませ、黙らせてしまうような根源的な怖さと悲しみをたたえているのに対して、松谷の「雪女」は、対照的に軽やかで、読者に、声をあげて読み、子供に語り聞かせ、演技や演出に誘い込むような、活動性をもっている。

村沢の底本で、これに該当する箇所をみてみると、

……箕吉もそれに吊りこまれて遂《と》うとうと眠くなつたかと思ふとたん一人の若い美しい女が戸口にあらはれて囁くことに、

（村沢「雪女郎の正体」）*5

と、ただの二行しかない。

松谷がいかに原拠をふくらませているか、この一節だけでもよくわかる。注意したいのは、このめりはりの利いた、語りのリズムが、なにに由来するのかということである。それはたとえば、松谷以前に民俗学の研究者が忠実に記録した、方言のままの、あるいは、なるべく方言のおもむきを残そうとした語りの、読みにくい、ごつごつしたリズムと明らかに異なるものだし、演劇的とはいっても、松谷の師匠である木下順二の『夕鶴』のもつ、息のつまるような、人工的なリズムとも、まるで違うものだった。

もともと『赤い鳥』の欧風童話を好み、日本の民話を下品だと嫌っていた松谷を、この世界に「引っぱり込んだ」*6のは、東京の下町の子供を相手に、人形劇などで教育活動をしていた瀬川で、そのやり方は、現場第一の、とにかく実践的なものだったらしい。これは一九五三年頃のことと回想されているが、松谷は、三河島で紙芝居の活動をはじめた瀬川から、紙芝居の紙を引き抜く稽古までつけられている。

語る場合もある。抜く手もみせずさっと抜くときもある。場面によっては太鼓も叩かねばならぬ。何よりもまず、拍子木を打って、子どもを集めなくてはならない。[*7]

……一枚、一枚、引き抜くとき、ただ引き抜けばいいというものではない、半分引き抜いて

終戦後、日本に引き揚げるまで一年間、満州に居すわり、父親とともに「一膳めし屋もやり、かっぱらいもやり、襲ってくる匪賊とたたかった」[*8]瀬川にとっては、ごく当たり前のことだったが、自他共にみとめる山の手育ちの「じょうちゃん」には、まったく新しい文化体験で、それだけにこうして身につけた大道芸の呼吸とリズムは、松谷がやがて語りはじめる「民話」のなかにも、しっかりと活かされていったのである。

そしてもうひとつ。松谷と瀬川は、信濃での民話採訪の旅という、いかにも古めかしい仕事のまえに、一九五三年にテレビ放送を開始したばかりのNHKからの依頼で、テレビでの「動く絵ばなし」という企画を成功させていた。[*9]松谷の語る「民話」は、その農村的な仮面の下に、都会の子供と、新時代のメディア向きの、せっかちなリズムと、どぎつい「わかりやすさ」を、はじめからそなえていたのである。松谷の語る「民話」は、童話、紙芝居、人形劇、アニメ、どんなジャンルの表現形式とも相性がよく、時間でいえば、もっとも需要のある、五分から十分ぐらいの短編に向いていた。それらは語られるそばから、さまざまなマスメディアで変換・消費され、

ついには、『夕鶴』の端正な語りを、文学史の片隅へと追いやってしまったようにわたしには思える。

『夕鶴』との、まわりくどい因縁話

ただし、松谷自身は、「民話」という言葉に「新しくスポットをあて、一つの運動として盛り上げていったことについては……「民話の会」の力が大きかった」[*10]と、木下順二をその理論と運動の中心に仰ぐ、伝統的見方を捨てていない。「民話の会」は、木下順二の民話劇『夕鶴』の上演を機に、一九五二年に発足している。「はじめは、岡倉士朗、山本安英、木下順二、松本新八郎、林基、吉沢和夫氏たちで月に二回、一回に二十円の会費を集めて話し合う気楽な会だった」[*11]という。しかし会は発展をつづけ、ついには、その周辺にいた松谷と瀬川を信濃へ送りこむことになる。『信濃の民話』を出版した未來社は、一九五一年末の『夕鶴』の刊行をもって発足した新会社で〔前年に弘文堂で初版を担当した西谷能雄が版権を譲り受け独立した〕、一時期は「民話の会」の機関誌の発行も引き受けていたから、「民話の会」の活動と「日本の民話」シリーズの企画は、いわば表裏一体の関係にあった。松谷はこの「民話の会」の理念について、民話は発見されねばならぬ、かつて生きていた民話の命をとらえ今の世の中によみがえらせたい。伝統的な話と、新しく生まれた話と、二つのもののつながりを見いだし（中略）民族のエネルギーを正しく表現する文化を創り出そう、こうした意欲に燃えて、「民話の会」はエネルギッシュに、創造面、理論面での活動をつづけた。*12

と熱く語っている。松谷の民話への情熱が、古い文化の発見よりは、そこに新しい命を吹き込む「創造」の活動にあったことがよくわかる。したがって、この運動の関係者にとって、「民話の会」を率いる木下順二と、その輝かしい実践例である『夕鶴』が、仰ぎ見るような神々しい存在であったことも理解できる。

『夕鶴』は、一九五〇年、弘文堂より刊行、同年の一月に東京の毎日ホールで上演されている。木下が、戦争中、恩師の中野好夫の勧めで読んだ民話のおもしろさにひかれ、ほぼそのままの物語を芝居にした『鶴女房』を、戦後、大幅に書き改めたもので、もともとは、柳田国男編『全国昔話記録』のなかの一冊『佐渡島昔話集』に取材したものであるという。*13 話の筋は単純で、人はよいが愚か者の与ひょうは、かつて命を救ってやった鶴の変身である、美しい女房のつうとしあわせに暮らしているが、欲に目がくらみ、つうが織る千羽鶴の織物をもっとくれとねだり、けっして見てはいけないといわれていた、機織り部屋をのぞいてしまう。正体を見られたつうは、残り少ない羽で最後の布を織り上げ、夕焼け空に消えていく。

昔話の型からいえば、これは、「狐女房」とならび、日本の伝説を代表する異類婚姻譚「鶴女房」であるから、同じく異類婚姻譚に分類される「雪女」とは、よく似た物語なのである。『夕鶴』を民話の理想と仰ぐ松谷と瀬川にすれば、同型のモチーフに巡り会えた以上、その素性が少しあやしく、フィールドで採取されたものでなくても、それに大幅に手をいれたうえで、最愛の小泉小太郎伝説のまえに置いたのは、当然のことだったのである。

これは後にもう一度論じることになるが、『夕鶴』と「雪女」は物語として類似するだけでなく、木下順二とハーンの間には伝記的にも芸術的にも、濃密な関係があった。木下順二の父、木下弥八郎（中央開墾株式会社取締役）は、旧制熊本五高の第三回卒業生で、ハーンの直接の教え子であった。また順二自身も小学四年生から熊本に暮らし、中学時代すでに百枚ほどの「ラフカディオ・ハーン―その研究」をまとめていた。[*14] 旧制五高に進学してからはさらに本格的なハーンの伝記に手をそめ、これは後に『木下順二評論集』に収められ、[*15] 今なお、ハーンの熊本時代についての必読文献とされている。ハーン研究者の眼には、木下が民話の芸術的再生に取り組んだ背後に、ハーンの影響がはっきりと見て取れるのであるが、残念なことに、戦後、木下が自身の政治的思想的スタンスとの関連でハーンを語ることはほとんどなくなってしまった。

今わたしは、ハーンの影響のもとで木下が民話の再生運動に取り組み、その成果である『夕鶴』の影響下で、松谷みよ子が「雪女」を再話したのであろうと、ずいぶん、まわりくどい因縁話を書いているのだが、実をいえば、松谷の再話とハーンの「雪女」は、もっと直接的につながっていた。

民話「雪女」をハーンに「戻し交配」する

話をここで今一度、松谷が採録した民話「雪女」に戻すが、ここには、原拠であるはずの村沢の「雪女郎の正体」によっては説明のつかない変更がいくつもある。「雪女郎」が「雪女」に戻されていることは別にして、まず気になるのは、雪女が箕吉の妻となって、「お雪」と名乗っていることである。白馬岳の雪女伝説では、青木から『大語園』、村沢にいたるまで、雪女はずっと「小雪」と名乗っていた。松谷がこれをハーンと同じく「お雪」に改めたことには賛成するのだが、それでは松谷はなにに依拠してこの変更をおこなったのだろう?

そう思うと、さらに不思議なことがあって、村沢の「雪女郎の正体」では、前にふれたように、雪女が茂作のうえにかがみこみ、白い息をふきかけるという場面が欠落している。箕吉はいきなり雪女に、自分が現われたことは他言してはならぬと口止めされ、雪女が姿を消してから、あわてて茂作をゆすって、すでにこときれていることに気づく。これは、青木や『大語園』にはない、ずさんな要約で、これではハーンがせっかく視覚化した雪女の魔力が消えてしまうばかりか、肝心の、茂作の死が雪女の仕業であることさえ、わからなくなってしまうのである。ところが、松谷はここにきちんと修正を加えていて、

娘はすっと入ってくると父親の茂作の上に静かにかがみこんで、ふーっと白く凍った息をはきかけました。（松谷「雪女」[*16]）

と、雪女の魔力をふたたび視覚化している。

村沢の「雪女郎の正体」には、もうひとつ困った欠落があって、物語の最後で、「小雪」は、

とうとうあなたは一言も口外になさらないと誓つたお約束を破りましたネ、何をお隠し致しませう、妾《わたし》はあの時山小屋を訪れた女です、あなたの仰有る通り妾は雪女郎でした雪の精でした。（村沢「雪女郎の正体」[*17]）

と言って、姿を消している。つまり、「今となっては、子供がいるから、あなたを殺せない」という、この物語には不可欠とも思える重要なセリフが欠落しているのである。もちろん、松谷は、ここもみごとに修復している。

「とうとうお前は一言もしゃべらないという約束を破りましたね。おぼえていますか、このことを話したら、お前の命をとるといったことを。しかしわたしたちには子供がいます。お前を殺すことはできない。けれどもうわたしたちはこれでお別れしなくてはなりません。何をおかくししましょう、わたしはあの時山小屋を訪れた女です。お前のいうとおり雪女です。雪の精です。」

（松谷「雪女」*18）

「しかしわたしたちには子供がいます。お前を殺すことはできない。」というのは、いかにも松谷らしい、癖のない言い方である。演じ方により、語り方により、いかようにも演出できる「まっさら」なセリフである。松谷の再話する民話がなぜ、読み聞かせをする母親や教師たちから、そしてテレビや芝居の演出の現場で、あれほど絶大な支持を受けてきたのか、この一行の処理をみると、よくわかる。

しかし、松谷は、なにによって、こうした修復をおこなったのか。まさか、わたしのしているように、わざわざ青木純二や『大語園』にまでこの伝承をさかのぼったわけではあるまい。「小雪」がハーンの原作にしかない「お雪」に戻されていることから見ても、松谷はまちがいなく机上に置いたハーンによりながら、村沢の物語を「再話」したのである。いや、もっとはっきりいおう。松谷はハーンの「雪女」をもとに、自分の「雪女」を作り上げたのだ。

ハーンによらなくても、そんな加筆は、ある程度、修練を重ねた作家なら、だれにでもできるのではないかと思われるかもしれない。ところが必ずしもそうではない。実は、職業作家が村沢の「雪女郎の正体」を再話した例がもうひとつある。冒頭に掲げた、白馬岳の雪女伝説のリストの6「白馬の雪女」がそれで、松谷の『信濃の民話』から十二年後の一九七四年に刊行された『日本伝説傑作選』に収録されている。筆者は中山光義という職業作家で、例によって出典についてはなにも書かれていないのだが、内容から見て、まちがいなく、松谷と同じく、村沢武夫を原拠とした再話である。

ここでは雪女は小雪を名乗り、茂作が白い息を吹きかけられるシーンが欠落し、小雪は、子供についてなにもいわぬまま姿を消してしまう。村沢のずさんな語りは、ほとんどそのまま忠実に引き継がれている。再話の前半に、山の猟師の服装や食料について、そして、晩秋の熊が山の木の実を食べ脂がのっていることなど、原拠にはない加筆がふんだんにほどこされているにもかかわらず、である。つまり原話にいらざる装飾を加えるのは容易だが、欠落してしまったものを元に戻すことは、職業作家にとっても、想像力だけではほとんど不可能なのである。

栽培植物や家畜動物の育苗・育種の世界では、ある系統が世代を重ねて衰弱してしまう場合、原種にかけ戻すことがあって、これを「戻し交配」というが、松谷のしたことは、いわば再話文学における戻し交配であった。[*19] 代を重ねるたびに衰えていった、白馬岳の雪女伝説は、ハーンの原話に帰ることで、面目を一新し、ここではじめて、独立した「民話」として、鑑賞可能なレベルに達したのである。その意味でわたしは、白馬岳の雪女伝説を産み出したのは、松谷の功績であったと思う。

松谷は、おそらく、進歩主義的な「民話」運動の理念にしたがって、より「近代的」なハーンをひそかに取り入れることで、土着の「遅れた」伝説を「改良」したつもりだったのだろう。わたしは、ここに松谷の意外な「都市性」がはっきりと感じ取れるように思うのである。そして、この改良された「民話」の出現が、皮肉にも、ハーンの「雪女」の原話が白馬岳の雪女伝説であることの決定的な証拠とされてしまうのである。

情話から童話への変換

最後に、松谷が「雪女」におこなった重要な変更をもうひとつ、付け加えておく。それは、松谷がもっぱら子供に向けて「雪女」を語っていることである。もともとハーンの「雪女」が、青木の翻案を含めて、子供向けではなかったことを考えると、これはかなり驚くべき重要な変更で、しかも、『信濃の民話』は、ルビの振り方などからみて、児童書とはいえないから、これは、あくまで松谷個人の志向によるものなのである。

後で詳しく論じたいので、ここではあまり深入りしないが、ハーンの「雪女」は、基本的には「母と子の物語」であるとわたしは考える。これは、なによりも雪女と巳之吉の関係にいえるのだが、その二人が夫婦として結ばれてしまうのであるから、ここには禁忌的なロマンスの気配も漂っている。ハーンは、その危険なセクシュアリティを、「雪女」という異類婚の禁忌でたくみに隠蔽し、最後には、子供のために巳之吉を許してやるという、強引なやり方で、母性愛の物語にまとめあげてしまうのである。

この異常なヴィジョンが、そのままでは日本の「口碑」に変換しにくかったのだろう、青木純二はこの母子の構造をばっさりと切り捨てて、箕吉と茂作を親子にすることで、父を殺した異類の女と結ばれるという、なんともわかりやすい、伝奇的な「情話」にしたてあげた。

もともと青木は男女の色恋を伝説や神話に託して語る情話が大好きで、『山の伝説』出版以前にも、雑誌『太陽』に「日本アルプスの伝説」九話を発表しているが、一話をのぞき、すべてが情話であった。[*20]『山の伝説と情話』というタイトルは、すでに青木以前に朝日新聞社が使用してしまっていたが、内容的には、むしろ青木の書物にふさわしかった。そして青木以降も、白馬岳の雪女伝説は、もっぱら、大人向けの情話として語り継がれて、松谷を例外として、その傾向は、時代が下がるにつれ、強まっていたのである。それは、たとえば雪女が箕吉にかけるセリフの変化をみていくだけで明らかだろう。

「あなたはほんたうに美しい方だから、私はあなたを、どうもしますまい。」

（青木「雪女（白馬岳）」）[*21]

「あなたは本当に綺麗なお方です、妾はあなたを見たらたまらなくすきになりました、」

（村沢「雪女郎の正体」）[*22]

「箕吉さん」

娘は、なれなれしく言葉をかけた。

「わたし、あなたを一目見て好きになりました。これから一年経ったら、あなたのところへ訪ねて行きます。ただ、わたしのことを、誰にも話してはなりませんよ。いいですか、これだけは堅く約束してくださいね」

そう言って箕吉の手を握り、ニッコリ笑った……

（中山「白馬の雪女」）[*23]

最後はもう、山の伝説というよりは、場末の飲み屋の光景のようである。松谷はこの場面の扱いにずいぶん困ったようで、

「お前は何という様子のいい若者だろう。わたしはお前が好きになりました。」

（松谷「雪女」）[*24]

と、わざと古風に堅苦しくすることで、生臭いセクシュアリティを抑制している。しかし、これは童話的というよりは神話的な処理だろう。

松谷の「雪女」の童話性がもっとも強く感じられるのは、父を亡くした箕吉の心細さを徹底して強調している点だろう。

「おとっさま！　おとっさま！」

箕吉は茂作をゆりおこしました。今みた夢ともうつつともわからぬ娘のことが急におそろしくなったのです。しかし茂作は眼をさまそうともしません。

「おとっさま！」

もう一度はげしくゆすぶった箕吉はとびあがりました。

「あ、おとっさまは死んでるじぃ！」

次の朝、箕吉はよろよろと山をおりて村人に父の死をしらせました。村人の世話で野辺の送りをすませるともう箕吉は一人ぼっちの身の上でした。

一人で山を狩り暮し、帰っては一人で粥を煮るわびしい暮しが一年余りもつづいた、ある冬の夜の事でした。

（同）

松谷は十一歳のときに、父與二郎を交通事故で亡くしている。與二郎は有名な無産派の弁護士で政治家であったが、金にならない刑事事件ばかりを引き受けていたために、死後、借財しか残さなかった。そのため、松谷は十七歳で女学校を出ると、友人たちが女子大や女子師範に進むのをうらやましく思いながら就職せざるをえず、勤めがいやで毎日泣いて暮らしていたという。[*25]

この短い一節で、四度にわたり繰り返される「おとっさま！」の叫びは、こうしてみると松谷の私的な語りのようにも思えるが、作品の技巧として読めば、戦後の街頭で父を失くした子供たちを呼び集める、にぎやかな「拍子木」の音にも聞こえる。

そうして老練な猟師の父を失い、天涯孤独の身となった箕吉のもとに、ある日、同じく「孤児」だという「お雪」が訪ねてくる。

> みるにみかねてなかへいれ、粥などすすめて話しあううちに、娘は親もなく兄弟もないひとりぼっちの身の上だという事がわかりました。親のない者同士の心はいつかとけあって、その娘はとうとうこの村に住みつき、箕吉と夫婦となりました。[*26]

ここには、ハーンの物語の中段を彩る、恋の道行きのくだりはない。「雪女」は、はっきりと情話から、童話へと姿をかえている。やがて、お雪は去り、物語は、はじまったとき同様、母のない、父と子の暮らしに戻ってゆく。

こうして松谷は、本来「情話」であった白馬岳の雪女伝説を「民話」という名のもとで、孤児を主人公とする「童話」に作りかえてしまった。父を亡くした孤児のための童話。それこそが、松谷が「雪女」を語り直した根本的な動機であったように思える。『信濃の民話』が一般向けの民話集であり、子供向け童話集ではなかったにもかかわらず、である。『信濃の民話』刊行の三年後、松谷は坪田譲治からの依頼で「日本童話全集」の第九巻に[*27]、これを「雪女の話」として、小学生向けの童話に書き改めているが、冒頭に季節の描写を少し加え、全体にルビを増やしただけで、本文はほとんどいじっていない。松谷の「雪女」は、はじめから童話だったのである。

増殖する「雪女」と消された足跡

民話「雪女」は、松谷が児童文学作家・民話研究者として名声を高めるにつれ、さまざまな形で、改題、改版、増刷され、とほうもない勢いで、六〇年代以降の日本に広まっていく。一九七〇年代のはじめに、松谷・瀬川共編の『日本の民話』（全十二巻）が刊行され、ここにも「雪女」は収録されているが、先に紹介した「日本童話全集」の「雪女の話」同様、ここにも「採集　村沢武夫」の注記は見当たらない。師の坪田と同じく、柳田国男の「昔話はお国のものだから遠慮しなくていい」[*28]という助言を信奉するようになったのか、それとも、度重なる改作によって、もはや村沢を原拠と書くことは適当でないと考えるようになったのか、そのあたりのことはわからない。いずれにせよ、ここから先、増殖する「雪女」の足跡をたどることは、きわめて難しくなる。[*29]

禁じられた『怪談』と小さな崇拝者

「雪女」の童話化は、必ずしも松谷が始めたものではない。実は、それより少し以前から、戦後の出版界と教育界において、ハーンの『怪談』そのものが児童文学化し、いわゆる「少年少女」向けの「世界名作」全集の欠くべからざる一巻となっていたからである。つまり、松谷以前に、ハーンの「雪女」そのものが、童話化していたのだ。

これは戦前の学校・家庭教育の規範からすれば、かなり意外で大きな変化だった。日本において『怪談』は、原著刊行からほどなく、明治の末には初の完訳本が出され、またその後も、英語の教科書版や対訳なども含めて、いくつもの版が出版されている。しかし、それはあくまで成人向け、あるいは英語の学習教材としてのことで、児童向けに、あるいは童話として、翻訳・出版されることは、第二次世界大戦以前にはなかった。それは『怪談』に限らず、ハーンがそれ以外の作品集に書いた、いわゆる「怪談もの」についても同じことだった。

しかし小泉家では様子が少し違っていた。長男の一雄は幼い頃に父ハーンからよく怪談を聞かされていた。

父は徒然の折柄、よく種々神秘的な怪談を皆に語つて聴かせてくれましたが、あの簡単な而《しか》も、てにをは外れのブロークンな日本語で話すにも不拘《かかわらず》、其の意味は誰にもよく徹底しました。夕闇迫る頃など、大きな目鼻の父の表情が何となく恐しく、其顔色さへ蒼白に見えて、「怖い、もう止めてッ！」と思はず私は叫ぶこともありました。[*30]

そして満で十歳になる少し前には原文で『怪談』を読まされていた。

父の歿する約一月前から――是は私が生意気にも所望した為でしたが――父の著「怪談」を読ませられてゐました。如何なる理由でしたか此の怪談では何《ど》の章も（虫に関する論文を除く）割合にすらすらと読めて訳も相当にやつてのけましたので一度も父に叱られませんでした。……「此の本あなた真実《ほんとう》好きですか？」と幾度も尋ねました。「容易《やさ》しくて面白いです。」と答へる度に父は苦笑してゐました。「パパが自分の著書《ほん》を息《むすこ》に教へる事誰にも云ふないよき。私少し恥る。」と申してゐました。[*31]

『怪談』は一雄にとっては亡き父から聞かされた最後の「童話」だったのである。ハーンが心臓発作で急死した日、一雄はちょうど「安芸之介の夢」を読了したところだった。

ハーンは自分の怪談が子供に害悪を及ぼすものだとは考えていなかった。それは幽霊を道徳の根源と考えるハーンには当然のことだったが、明治から敗戦にいたるまでの出版界や教育界は、そうではなかった。これは、まだハーンの翻訳出版について信頼できる書誌がないので、手元の資料や図書館・国語教科書のデータなどから推測することなのだが、むしろ、児童向けの出版と国語教育の現場では、はっきりと忌避されていたと思われる。

それは戦前の教育理念からして当然のことで、その根本にある、儒教と欧化主義からいえば、土着の幽霊、妖怪、狐狸《こり》話などは、二重の意味で唾棄すべきものと考えられていた。ハーンの作品が児童教育の方面で擁護されるのは、ナショナリズムというもうひとつの大原則に拘われたときであろうが、その原則からしても、「耳なし芳一」や「雪女」といった、純然たる幽霊・妖怪物語は、推賞される作品とは見なされなかったろう。戦前のハーンの研究者は、この限界を熟知していたようで、田部隆次のように「論文と随筆、および物語は考証よりも遥かに貴く、物語は論文と随筆よりも更に貴い」[*32]と認めていたとしても、ハーンの芸術を『怪談』に代表させることはなかった。
ハーンの弟子や同時代人の回想を読んでも、日本におけるハーン評価の変遷をたどった速川和男の論考を読んでも、彼らの関心は、ハーンの物語文学よりも、英文学講義やより知的な評論や考証に向けられていたように思える。彼らが、偉大なる西洋文学の源泉であるハーンに期待していたのは、子供にでも読めるような英語で書かれた日本の幽霊話ではなかった。おしゃれでモダンな厨川《くりかわ》白村などは、ハーンの怪奇趣味そのものが嫌いで、ハーンが東大の講義で勧めてくれた英文学の怪談は面白くないと不満を漏らしている。[*33] 上田敏も「先生の佳作？　そうですね、私の見たうちでは振袖火事の話。戒名の記事。犬の遠吠の記事などが殊に佳いと思ひます」[*34] と妙に通人めかし、「怪談」ものをほめようとはしなかった。坪内逍遙は、ハーンの著作七、八点について短評を残しているが、『『怪談』『骨董』などといふ作も所々に見所があります」というだけで、わざわざ個々の作品名をあげて、「最も妙」と評した「美の凄哀」「碧色の心理」や「絶妙」と激賞した「盆踊り」などと比べると、明らかに評価がひくい。[*35]
もう少し時代の下った実作者たちがハーンに学んだのは、おもに叙景や文体で、永井荷風は『チータ』冒頭の嵐の描写に感心し、[*36] 志賀直哉は文体をハーンから学んだという。[*37]
おそらく同時代の作家で、ハーンの『怪談』をもっとも高く評価し、ひそかに自分で競作を試みていた例外的存在が、夏目漱石ではないかと思われるが、[*38] その漱石にせよ、きちんとハーンの名をあげ、『怪談』をほめることはなかった。「むじな」や「雪女」を正面きって芸術作品として論じることは、明治から戦前までの日本の知的風土のなかで、相当、勇気のいることだったのである。そうしたなかで、早くから『怪談』をハーンの最高傑作と公言してはばからなかったのは、英文学者の福原麟太郎ぐらいのものではなかろうか。[*39]

『怪談』の児童文学化

ハーンの翻訳書誌を眺めていると、日本おけるハーンの読者が、英語原文や第一書房版の全集を読むような知的エリート層から、物語を純粋に楽しむ一般大衆に拡大していくのは、一九四〇年に岩波文庫の一冊として『怪談』が刊行されたあたりからのような気がする。そして、その流れを決定的にしたのは、戦後、ハーンの『怪談』が児童向けに多数、刊行され、小泉一雄のような小さな崇拝者を次々と誕生させていったことではないかと思う。

戦後のハーンの児童向け出版物のなかで、もっとも早く「怪談」を収めたものは、わたしの調べた限りでは、「スクール文庫」の一冊として、一九四八年に岡谷市の蓼科書房より刊行された、田部隆次編『小泉八雲読本』である。その内容は、ジャンル別の四部構成で、以下のようになっていた。

日本のお伽ばなし　「猫を画いた子供」「団子を失したお婆さん」「ちん・ちん・こばかま」
日本見聞記　「化け蜘蛛」「若返りの泉」
　「中学教師の日記から」「浜口五兵衛」「三つのおとづれ」「日本人の勇気」「人形のいのち」「列車の中にて」
日本の珍しい話　「布団の話」「人形の墓」「僧興義」「むじな」「鏡の少女」「占いの話」
東洋の珍しい話　「禍という怪物の話」「大鐘の霊」

田部隆次は、戦前からハーンの多くの選集や英語教科書版を編集していて、この構成は、明らかに、戦前のハーンの見方と道徳観を踏襲したものである。まず「安全な」子供向け作品として、ハーンが「長谷川ちりめん本」として刊行した「お伽ばなし」を先頭におき、つぎには「見聞記」として、ノンフィクションである紀行文やルポルタージュをまとめる。そして第三部に「珍しい話」として、「怪談」を収めるが、「人形の墓」のようなスケッチもいれて、「怪談」色をうすめておく。さらにその後ろには、「東洋」というくくりで、より古典的な中国説話を配置する。
全体として感じられるのは、ハーンを通俗的な怪談作家に見せまいとする、戦前の正統的ハーン研究者の配慮であり意思である。そしてなによりも、ここには「雪女」と「耳なし芳一」というハーンの「怪談」を代表する傑作が収められていないのである。直接的な殺人や、目の前での流血を含む物語は、この世代のハーン研究者からみれば、やはり、子供向けの出版物にはふさわしくないのである。しかし、その三年後には、もう、事態は劇的に変わっている。

一九五〇年代の「幽霊・妖怪ルネッサンス」

一九五〇年、東京の童話春秋社から「少年少女世界名作文庫」の一冊として児童文学者の武田雪夫の訳で『雪おんな』が刊行された。収録されたのは、「ちん・ちん・こばかま」「だんごをなくしたおばあさん」「ねこの絵をかいた子供」「鳥取のふとんの話」「僧興義の話」「むじな」「雪おんな」「安芸之助のゆめ」「耳なし芳一の話」「みょうな話」(これは『知られぬ日本の面影』の「化け物と幽霊」からの抜粋)「果心居士の話」の十一作品。半数以上が田部の本と重複するが、注目すべきは、ここでようやく児童向けの本に「雪おんな」と「耳なし芳一」が採用されたこと、そして、それ以上に、紀行、スケッチ、評論の類がはずされ、全体が、霊・怪異・妖怪についての、日本固有の物語に特化している点である。ハーンはついに日本の怪談作家として児童文学に登場したのである。

この本が具体的にどの年代の子供を対象に編集出版されたかは、明記されていないが、次のような訳者・武田雪夫の解説を読めば、これが小学校三、四年生あたりでも読めるように配慮されていることは明らかだろう。

八雲は、英語で、日本のことを、いろいろかいて、世界に向かって、日本のいいところを教えましたが、それは、同時に、日本人に向かって、日本にもとからある、いいものをたいせつにするようにと教えてくれたわけで、ほんとに、こんなにありがたい恩人はありません。……そこで、私はこの本では、言葉をやさしくしたり、はぶいてあるところをつけ加えたりして、わかりよくしました。それを、地下におられる小泉八雲先生と、先生に教えをうけられたり、先生のことを研究している方々にお許しを得たいと思います。*40

同じ一九五〇年、東京の小峰書店から「日本童話小説文庫」の第十一巻として山宮允《さんぐうまこと》訳『耳なし芳一』が刊行された。これは『怪談』を中心に、長谷川ちりめん本の「日本お伽話」『骨董』『天の河縁起そのほか』『霊の日本』『影』『日本雑録』から霊、怪異、妖怪にまつわる物語を集めた、本格的なハーンの怪談集で、怪談ではない作品も収められてはいるが、これほどはっきりした性格の作品集が、一九五〇年に、子供向けに刊行されたということは、ハーンの書誌に特記しておくべきことだと思われる。

ちなみに、この一九五〇年という年は、木下順二の『夕鶴』が弘文堂から刊行された年で、

「民話」ブームのはじまりにあたる。子供の文学世界での、幽霊・妖怪話の解禁と、民話の社会的地位の向上は、やはり相互に関係する運動だったのである。

そして、この四年後の一九五四年に、小峰書店の『耳なし芳一』は、内容はそのままで、書名のみを『怪談』と改め、再版される。もはや、子供向けに『怪談』という書名さえ忌避されなくなったのである。同じ一九五四年には、もう一冊、『怪談』と題される子供向け作品集が北条誠訳で偕成社から出版されている。この『怪談』のシリーズ名は「世界名作文庫」であるが、後に「少年少女世界の名作」と改められている。以後、旺文社、ポプラ社、講談社といった大手出版社も同様の少年少女向けの文学全集に、ハーンの怪談を収録していくので、一九六〇年代から七〇年代にかけて、ほとんどの教育熱心な家庭の本棚には、『小公女』や『秘密の花園』などとともに、小泉八雲の『怪談』が収められていたのである。

あかね書房は、松谷みよ子が一九五一年に処女作を出版した児童書の出版社で、一九六〇年には、松谷は、ここから出た『ふるさとの伝説（東日本編）』に「雪女の話」を載せているが、このあかね書房からも、ハーンの「雪女」は子供向けに刊行されていた。「少年少女日本文学選集九」の古谷綱武編『小泉八雲名作集』がそれで、今、手元にある二刷の刊行年月日は、一九五六年五月、ちょうど松谷が『信濃の民話』を執筆していた時期と重なる。

松谷が、白馬岳の雪女伝説を再話するにあたり、なぜ、書架からハーンの「雪女」を取り出し、参照したのか、これでその理由がよくわかるだろうと思う。松谷の周辺には、すでに童話化したハーンの「雪女」が、あふれていたのである。

『怪談』、国語教科書へ

これらは民間の出版界における変化で、これが学校教育の現場となると、ハーンの「怪談」への抵抗は、もう少し強かったのではないかと思われるかもしれない。しかし、わたしの調べた限りでは、検定という、より強い制約下にあった国語教科書においても、事情はあまり変わらないのである。

ハーンと戦前の国語教育というと、昭和期の『文部省尋常科小学校国語読本　巻十』などに採用された「稲村の火」(「生き神様」より)の例が有名で、これについては、平川祐弘が『小泉八雲　西洋脱出の夢』[*41]で詳細に論じているが、『国定教科書内容索引　尋常科修身・国語・唱歌篇』[*42]によれば、尋常科小学校の国語教科書におけるハーン作品の採用はこの一編だけのようで、戦前から戦後における教育界のハーンの「怪談」に対する評価の変遷をみるには、中学の国語教科書をみたほうがいい。もちろん戦前の旧制中学と戦後の新制中学が、制度的に連続していないことは充分承知しているが、ハーンの採用作品の変化をみるには、これが一番便利なのである。

まず、『旧制中等教育国語科教科書内容索引』[43]によって、明治・大正・昭和の旧制中学の国語読本に採用されたハーンの作品をみておこう。明治期の中学校教科書に採用されたのは、「柔術」一編のみだが、大正期にはいると、ハーン作品の採用は増え、「生神」（ほかに「浜口五兵衛の話」という題名を使う本もあり）「達磨の話」「松江の朝」（ほかに「神国の首都」の題名もあり）「草雲雀」「日本の童謡」「停車場で」などが登場する。これらは一部に説話的要素もあるが、基本的には叙景、エッセイ、ルポルタージュというべき作品である。昭和期になると、さらにその数は増えて、「生神」「浜口五兵衛の話」を「五兵衛大明神」という別題で採用する教科書もあらわれ、叙景文にも「神国の首都」に「曙の富士」「極東に於ける第一日」が加わり、「停車場にて」「柔術」といった文化論・ルポルタージュだけでなく、東大の講義録から「読書に就いて」「制作の方法」「文学と人生」も採用されている。しかし、これだけ増えても、怪談は、一編も見あたらない。戦前の国語教科書を見るかぎり、怪談作家・小泉八雲は存在しないのである。

次に『中学校国語教科書内容索引』[44]によって、戦後の一九四九年度から一九八六年度までを調べてみると、「あけぼのの富士」「制作の方法」「読書について」「浜口五兵衛」「乙吉のだるま」「梅津忠兵衛の話」「おしどり」「常識」「耳なし芳一」の計九作品が採用されている。このうち、はじめの五つは、旧制中学でも頻繁に採用されてきた、いわば国語教科書の常連であるが、「梅津忠兵衛の話」以下四作品は、戦前の国語教科書には一度も採用されたことのない新顔で、しかも、霊と怪異に取材した「怪談」であることに気づく。以下に、採用教科書の使用開始年度と出版社名を個別にあげておこう。

「梅津忠兵衛の話」　日本書籍、一九五九年
「おしどり」　開隆堂、一九五九年
「常識」　修文館、一九五三年
　中教出版、一九五九年
「耳なし芳一」　教育出版、一九五四年
　実教出版、一九五四年
　学校図書、一九六〇年
　大阪書籍、一九六二年
　日本書籍、一九七八年

戦後の怪談の国語教科書への採用は、一九五三年度にはじまり、一九五九、六〇年度あたりでひとつのピークに達していることがわかる。この動きは、民間での怪談の童話化よりも数年遅れているだけで、ほぼ同一の軌跡をたどっていて、一九五七年の松谷みよ子の『信濃の民話』の刊行に象徴される、第一次民話ブームの動きとも重なることがわかる。

こうして「少年少女」向け「世界の名作全集」のなかで、ハーンの『怪談』に親しんだ子供た

ちの多数が、中学校の国語教科書で「耳なし芳一」に再会し、一九六〇年代の後半からは、さらに放課後、友人たちと水木しげるの妖怪漫画を回し読みし、その破天荒な画風と構図に肝をつぶし、恐ろしさと気味の悪さを紛らわすために、笑い声をあげていたのである。戦後の子供たちを襲った、幽霊と妖怪のルネッサンスは、このあたりでひとつの頂点に達する。そして彼らが成人読者層に加わりはじめる頃、民俗学と民話学の隆盛にあわせて、ハーンの多くの優れた翻訳・研究が出版され、「『怪談』の小泉八雲」という評価が広く社会一般に定着していくのである。

第二章　註釈

1　『松谷みよ子の本　10』、講談社、一九九六年、一九九―二〇〇頁。
2　松谷みよ子『自伝　じょうちゃん』、朝日新聞社、二〇〇七年、二二三頁。
3　未來社のホームページ（会社案内　未來社の歩み　http://www.miraisha.co.jp/mirai/company/history.html）
4　松谷みよ子、瀬川拓男『信濃の民話』、未來社、一九五七年、一七〇―一頁。
5　村沢武夫『信濃の伝説』（註Ⅰ-23）、一四五頁。
6　『松谷みよ子の本　10』、一九九頁。

7　松谷みよ子『自伝　じょうちゃん』、一八二頁。
8　同、一七九頁。
9　同、二〇四頁。
10　『松谷みよ子の本　7』、四八一頁。
11　同、四八二頁。
12　同。
13　『木下順二集　1』、岩波書店、一九八八年、二八一頁。
14　平川祐弘編『小泉八雲事典』、恒文社、二〇〇〇年、九八、一五八、一八五、四五二頁の各記事による。
15　『木下順二評論集　1』「小泉八雲先生と五高」、未來社、一九七二年、一五五―二〇八頁。
16　松谷みよ子『信濃の民話』一七〇―一頁。
17　村沢武夫『信濃の伝説』、一四七頁。
18　松谷みよ子『信濃の民話』、一七三―四頁。
19　なお、創作童話の傾向が強いので、松谷の多くの童話版同様、冒頭の白馬岳の雪女伝説の文献リストには加えなかったが、児童文学作家の西山敏夫が、一九七二年に『少年少女　日本の民話・伝説四』の『人買い船・雪おんな・ほか』（偕成社）に発表した「雪おんな」という作品がある。冒頭だけみれば、これは、白馬岳の茂作・箕吉親子を主人公とした、まぎれもない白馬岳の雪女伝説なのだが、それ以降は、ハーンの「雪女」のみに依拠した、松谷とはまったく違う形での、つぎはぎの再話である。したがって松谷の再話では姿を消している箕吉の母親が、この作品では、ハーンの原作同様、大きな役割を果たしている。松谷の再話とあわせて考えてみると、「雪女」は、伝説口碑化するにつれ、ハーンの物語を離れていくのに対し、童話としての芸術性を追求していくと、必ずハーンの原作に戻るという、面白い傾向がみえてくる。

20 青木純二「日本アルプスの伝説」、『太陽』、三〇巻九号（一九二四年七月一日）、一二〇―三〇頁。

21 青木純二『山の伝説』、九七頁。

22 村沢武雄『信濃の伝説』、一四五頁。

23 和歌森太郎ほか編『日本伝説傑作選』、第三文明社、一九七四年、一〇一頁。

24 松谷みよ子『信濃の民話』、一七一頁。

25 『松谷みよ子の本　別巻』、一九九七年、五二三―四頁。

26 松谷みよ子『信濃の民話』、一七二頁。

27 坪田譲治編『ふるさとの伝説（東日本編）』、あかね書房、一九六〇年、三一―七頁。

28 柳田国男が昔話の再話について坪田譲治に助言としていった言葉。高森邦明「富山民話読み物考」（註Ⅰ‐18）、一三頁。

29 以下に松谷の出版した「雪女」の、『信濃の民話』（一九五七）以降一九七〇年代までの簡単な書誌を掲げておく。ここにはリプリントや文庫化による改題、再刊などは、初期の重要なケースをのぞいて、含めていないので、実際の出版点数と流布した部数は、これより遥かに多くなるだろう。

・坪田譲治編『ふるさとの伝説（東日本編）』「日本童話全集　九」（註Ⅱ‐27）（『日本の伝説（東日本編）』と改題し、偕成社文庫から復刊）。

・『日本のむかし話　三』、講談社、一九六八年

・『日本の民話　宇野重吉の語りきかせ　二』、風濤社、一九七二年

・『自然の精霊（日本の民話　二）』角川書店、一九七三年

30 小泉一雄『父「八雲」を憶ふ』（註Ⅰ‐3）、二六二頁。

31 同、二二一―二頁。

32　田部隆次『小泉八雲』（註Ⅰ‐14）、一九五頁。
33　平川祐弘編『講座小泉八雲　Ⅰ　ハーンの人と周辺』、新曜社、二〇〇九年、六六八頁。
34　同、六九二頁。
35　田部隆次『小泉八雲』、ix頁。
36　速川和男『小泉八雲の世界』、笠間書院、一九七八年、四五頁。
37　同、九四頁。
38　平川祐弘『オリエンタルな夢　小泉八雲と霊の世界』「江戸風怪談から芸術的怪談へ―石川鴻斎・ハーン・漱石」、筑摩書房、一九九六年。遠田勝「転生する女たち――鴻斎・ハーン・漱石再論」、『講座小泉八雲　Ⅱ　ハーンの文学世界』、新曜社、二〇〇九年。
39　速川和男『小泉八雲の世界』、九五頁。小泉一雄『父小泉八雲』、小山書店、一九五〇年、一九一頁。
40　武田雪夫訳『雪おんな』、童話春秋社、一九五〇年、一六八―九頁、一七四頁。
41　平川祐弘『小泉八雲　西洋脱出の夢』、新潮社、一九八一年。
42　国立教育研究所附属教育図書館編『国定教科書内容索引　尋常科修身・国語・唱歌篇』、広池学園出版部、一九六六年。
43　田坂文穂編『旧制中等教育国語科教科書内容索引』、教科書研究センター、一九八四年。
44　国立教育研究所附属教育図書館編『中学校国語教科書内容索引』（上巻　昭和二十四～昭和六十一年度）、教科書研究センター、一九八六年。

三　民話「雪女」からハーンを逆照射する

レヴィ＝ストロースの構造主義と日本の異類婚姻譚

日本において、ハーンの「雪女」が『怪談』を代表する傑作として愛されつづけ、残酷な筋書きをもつにもかかわらず、「童話」として多くの児童文学集に収められ、さらには、「民話」として日本各地で口碑化していった背後には、ひとつの大きな理由があった。それは、木下順二との関連でも触れたけれども、「雪女」が物語の大きな枠組みとしては、異類婚姻譚という型式に属していることである。これは、日本の説話世界では、もっとも人気のある話型のひとつで、『夕鶴』に代表される鶴女房も、信田妻《しのだづま》として多くの芝居や語りものになっている狐女房の物語も、この型式に属している。

ただしハーンの「雪女」には、この伝統的な型式から大きく逸脱した部分があり、それこそが、ハーンの魅力であり、独創性であったと見ることもできる。では、その部分が民話版「雪女」にどう伝えられていったのか、あるいは、伝えられなかったのか。ひとつの個性的で独創的な文学作品が、「民話」化されるとき、その個性や独創性にどんな変更が加えられるのか。異類婚姻譚という伝統的説話の型式に注目しながら、この問題を考えてみたい。

雨宮裕子は「異類婚の論理構造」[*1]において、異類婚説話における異類の女たち、たとえば狐の変化である信田妻が、安倍晴明のような優れた息子をこの世に残して、その身はなぜ淋しく斯界を去らねばならないのか、あるいは逆に、同じく異類婚の物語でありながら、異類の男が婿となると（たとえば、猿婿、蛇婿など）、その子供たちも含めて、なぜあれほど無残に殺戮されねばならないのかを、レヴィ＝ストロースの構造主義によるシンプルな二項対立のモデルに拠りながら、あざやかに論証している。

このモデルでは、まず、男と文化が「内」におかれ、それに対立する女と自然が「外」に配置される。異類婚姻の物語は、この「内」なる斯界の文化・秩序と、「外」なる異界の、自然・カオスの交渉対立の物語として読みとかれる。こうして雨宮は日本の異類婚の物語に共通する、以下のようなルールを抽出した。

まず狐女房、鶴女房のように妻が異類である場合。

。婚姻は、他界にあっては永続するが、斯界では必ず破綻する。
。異類の妻は、斯界になんらかの「富」を残して他界に去る。
。異類の妻が、優れた子供を残すとき、その子は必ず男児である。

この場合、異類婚の物語は、このモデルの「内」、つまり、男・文化・秩序の勝利の物語となる。これらの説話が、共同体で繰り返し語られるのは、こうした世界観を確認し、共有するためなのである。

次に夫が異類の場合。

◦その婚姻は、他界へ至るまえに回避され、斯界で成立するのは夜のみである。
◦異類の夫は、あらゆる手段で斯界から排除される。
◦異類の夫が残すのは、異類の子孫で、斯界から完全に排除される。[*2]

こうした婚姻が不毛であるのは、異類の男は「外」に属し、女との間に生まれた子供もおなじく「外」に属するため、男と子供を殺して、女を取り返すことによってしか、「内」の勝利を物語れないためだという。

それに対して、妻が異類で、「内」の男のもとで子供（とくに男子）を産んだ場合には、子供は「内」に帰属するので、「内」の文化的秩序が「外」の自然的カオスを取り込んだことになり、「外」から来た異類の女を「外」に放逐することによって、物語はめでたく「内」の勝利におわる。

このように日本の異類婚の説話構造を分析してみた場合、ハーンの「雪女」がいかに異質であるか、明らかだろう。ハーンの物語は、異類が妻であり、子供を産んでいるにもかかわらず、内側の「男と文化と秩序」の勝利におわっていない。異類である雪女は、外から訪れ、子供を残して、外へ帰って行くのだが、冒頭の茂作殺しから最後の巳之吉との別れに至るまで、力関係でいえば一貫して、「内」なる巳之吉を支配し、圧倒している。

この点について藤原万巳《まみ》は、ハーンの「雪女」が「既成の異類婚姻譚を反転」させた構造をもつとして、こう述べている。

「雪女」は存在感を持ち続ける母親が、父親に帰属するのではない子供と、共同戦線をはりながら、父親を「子守り男」の座まで引き摺り下ろし、父親に対する身体的搾取を続ける話なのだ。*3

これはハーンの「雪女」がもつ特徴をみごとにとらえた、鋭い指摘だとは思うが、一方で、「子守り男」や「共同戦線」あるいは「身体的搾取」といった、男女を闘争的にのみとらえる言葉遣いには違和感も覚える。というのは、ハーンの「雪女」が、斯界の男に対する、異類の女と子供たちの永続的な闘争の物語なのかといわれれば、わたしは、そこまで対立的に読む必要はないように思う。とりわけ、お雪と巳之吉を「妻と夫」「母と父」というジェンダーによる区切りだけで、固定的に対立させてしまう見方には賛成できない。以下で、ハーンがいかに伝統的な異類婚の構造から逸脱しているか、ジェンダーだけではなく、母子という関係にも注目しながら、もう少し多元的に検討してみたい。

巳之吉の奪われた視線

この問題を考えるのに重要なのは、物語そのものよりも、物語の視点となっている巳之吉を語る、物語の語り手の存在ではないかと思う。本来なら、夫となり父親になれたはずの巳之吉が、語り手によって不当に抑圧され、子供の位置にひきとどめられていること、それがこの作品を逆転した異類婚の物語にみせる一番の原因だと思うのである。

「雪女」は近代小説として、おもに巳之吉の視点から語られている。つまり、読者の目に映るのは、巳之吉の目に映った、雪女の、そして、お雪の姿である。したがって、読者の想像力と感情は、ひたすらお雪に向けられて、巳之吉の心理と行動についてては、これが物語の視点であるがゆえに、盲点になって、読者の視野には直接は、入ってこない。物語を読みながら、読者の心に強烈に焼き付けられるのは、渡し守の小屋に現われた雪女の恐ろしさであり、お雪となった娘の愛らしさであり、巳之吉の母の世話をする嫁のかいがいしさであり、十人もの子供の母となりながら、衰えることを知らない不思議な若さであり、巳之吉の裏切りに、震えながら姿を消す、雪女の怒りと悲しみである。歌舞伎の早変わりよろしく、次々とあざやかに姿をかえる主役が消えてはじめて、わたしたちは、十人の子供とともに、舞台にとりのこされた巳之吉の姿に目をとめる。なるほど、ここでは、巳之吉はあわれな「子守り男」に見える。

しかし、そう結論する前に、なぜ、そう見えてしまうのかという原因を考えてみたい。それは、なによりも物語の中盤で、巳之吉の視点が奪われ、巳之吉の存在が消し去られてしまっているからではないか。以下「雪女」を拙訳で引用しておく。

お雪は、巳之吉の母親にとって、申し分のない義娘《むすめ》となった。それから五年ほどたち、巳之吉の母が亡くなるとき、最後に口にした言葉は、息子の妻への愛と賞賛の言葉だった。お雪は、巳之吉に十人の子供を産んだ。男の子も女の子も、みな綺麗な子で肌がとても白かった。

村の人々は、お雪が自分たちとは性質の違う、不思議な人だと思った。百姓の女はたいてい早く老けこんでしまうものだが、お雪は、十人の子供を産んでからも、この村にやってきた頃とすこしも変わらず、若く美しいままだった。

ここで物語の語り手は、巳之吉を押しのけて、巳之吉の母と村人の視点から、お雪を語りはじめている。巳之吉が語りの視点に戻されるのは、結局、最後のお雪との別れの場になる。これは、どうみても巳之吉にとっては気の毒なことである。

わたしたちは、物語のあらすじから見て、巳之吉をお雪の夫、十人もの子供の父親と考えるが、実は、そうした夫、あるいは父親としての視線は、巳之吉には与えられていない。語りの次元からいえば、巳之吉に与えられた役割は、雪女を斯界に導きいれることと、異界に見送ることの、ただ二つだった。

お雪は、なによりも、巳之吉から美しい妻として見られてしかるべきなのに、その視点と語りは、作者によって巧妙に抑圧されている。冒頭の雪女としての登場と、旅の娘となっての再会の場以降、巳之吉の妻であるお雪は、不思議にも巳之吉の目からは、いっさい描写されていない。魔法から解き放たれたように、巳之吉がようやくお雪をわが妻として正視することを許されるのは、物語の最後の場面で、そのとき、彼の記憶は、たちまち禁じられた十八歳の夜の出来事へと戻されてしまうのである。

「そこで明りに照らされて縫いものをしているお前を見ると、十八の時に会った不思議な出来事が思い出されてならないよ。その時、いまのお前とそっくりな白くて美しい人を見たのだ――そういえば、本当によく似ている」[*4]（平川祐弘訳）

なぜ巳之吉はそれほど長い間、自分の妻が雪女にそっくりだと思わず、あるいは語らなかったのだろうか。それは巳之吉が不注意だったからでもなく、雪女の脅しに日々怯えていたために恐ろしくて口にできなかったからではないだろう。雪女の魔力によって、また、作者の不当な抑圧によって、わが妻が雪女に似ているとは思わなかったのである。わが妻を女として眺めるセクシュアルな視点の不在は、当時の英文学の、あるいは物語文学一般の性的描写への遠慮もあるだろうが、それにしても、作者ハーンの、巳之吉の（そして読者一般の）性的視線の抑圧は、徹底している。

巳之吉の眼前に展開したのは、恐ろしい雪の嵐の夜の出来事、そして美しい旅の娘との出会い、そして、最後の別れの場面だった。巳之吉の「目」が語る物語は、ある嵐の夜、突然、美しい女に魅入られ、その記憶を封印され、それが解き放たれた瞬間、逆に目の前の現実が消えうせてしまうという、夢と現実があわただしく逆転・錯綜する物語だった。

「夢にもうつつにも、お前と同じくらい美しい人を見たのはあの時だけだ。あれはどう見ても人間ではなかった。怖かった。本当にぞっとするほど怖かった――だが実に白い女だった……実際、あの時、夢を見たのか、それとも雪女だったのか、俺には今でもわからない」[*5]

（同）

哀れな巳之吉には、はじめから夫や父親という現実の重みが与えられていなかった。彼の役割は、雪女に愛され、雪女に捨てられること、夢と現実のあいだをさまよい、喜びと悲しみのあいだを浮き沈みすること、ただ、それだけだった。そんな巳之吉にお雪はこんな宣告を下す。

あそこに寝ている子供たちがいなかったら、今、この場でお前を殺してやるのだけれど。だからお前は、あの子たちを、ほんとうに、ほんとうに可愛いがらなくちゃいけない。あの子たちにちょっとでも文句を言わせようものなら、わたしは必ずお前にお仕置きをしに来ますよ。（拙訳）

これは、わが子を監視役にして、巳之吉に永遠の奉仕を命じた、残酷な刑罰のようにも読める。しかし、物語全体の構造からいって、巳之吉は、この雪女の母性愛の埒外に立たされているのだろうか。「だからお前は、あの子たちを、ほんとうに、ほんとうに可愛いがらなくちゃいけない」(And now you had better take very, very good care of them) の“very”の繰り返しに見られる、噛んで含めるような口調、そして、「お仕置きをしに来ますよ」(I will treat you as you deserve) という言葉遣いは、「父」や「夫」に対して、ふさわしいものだろうか。

母と子の魔法圏

この“treat”という言葉は、ここで初めて使われた言葉ではなくて、あの恐ろしい雪の夜、茂作の殺された晩にも使われていた。

お雪から、この“treat”という威圧的な言葉で脅迫されるという繰り返しのなかで、巳之吉は、二度とも許されている。第一の場面では、巳之吉自身がかわいい子供だったから、第二の場面では、むこうにかわいい子供たちが寝ていたから。子供の圏内にとどまるかぎり、巳之吉は常に安全だった。だから、“treat”が意味するのは、むしろ「殺してやろうと思ったが（子供だから、または、子供がいるから）殺さないよ」ということで、「許す」と同義なのだ。

そもそも、上からのぞき込む女というのは、ハーンの幼年期の記憶において、母子関係を象徴する基本的な構図だった。[*6] ハーンが、血縁者あての手紙で、母のローザについて語った数少ない記憶は、いずれも、この姿勢、構図に強く結びついている。はじめの引用は、日本に渡る直前に、実弟ジェームズ・ハーンに宛てた手紙の一節、二番目は、熊本時代に異母妹ミニー・アトキンスンに宛てた手紙の一節である。

それなのに、お前はあの黒くて奇麗な顔を覚えていないのか？　野生の鹿のような大きな茶色の眼が、お前の寝ていた揺り籠のうえからのぞきこんでいたはずだ。声も覚えていないのか？

お母さんの顔だけは覚えている——それはこんなことがあったからだ。ある日、その顔が愛撫するように私の上に屈んで近づいてきた。それは肌の浅黒い、優しげな美しい顔で、大きな黒い眼をしていた――本当にとても大きな眼だった。そのとき不意に子供っぽい悪戯心から、その顔をぶちたくなり、実際に私は平手でぴしゃりと叩いてしまった――多分どうなるのか見たかった、ただそれだけだったのだろう。結果はたちまち厳しいおしおきを受けた――私は泣きわめきながら、おしおきされて当然だと思ったことを今でも覚えている。不思議に腹が立たなかった。[*7]（拙訳）

そしてこの記憶は、そのまま、あの名作「夏の日の夢」の一節につづいている。

私の記憶の中には魔法にかけられたような時と処の思い出がある。そこでは太陽も月もいまよりずっと大きく、ずっと明るく輝いていた。……そして私をしあわせにしようと、ひたすらそのことのみを考えてくださった方の手で、その土地もその時も、穏やかに支配されていた。……

日が沈み、月がのぼる前、夜の深いしじまがあたり一面を包むころ、その方はよく私にお話を聞かせてくれた。そのお話の楽しさのあまり私の体は頭の先から足の先まで興奮にわくわくふるえた。私はほかにはあのお話の半分ほども楽しい話を聞いたことがない。その楽しさがあまりに大きくなり過ぎると、その方はあやしい不思議な歌をすこし歌ってくれたが、その歌を聞くと私はたちまち眠りこんでしまうのだった。だがついに別れの日が来た。[*8]

（平川訳）

この魔法の構図のなかで雪女は、巳之吉を見下ろし、思わず"you are so young.... You are a pretty boy, Minokichi;"と嘆声をもらしてしまうのである。

越後地方を中心に、雪女の伝説は、しばしば、人魚の肉を食したために八百歳まで白く若々しい肌を保ったという八百比丘尼《やおびくに》の伝説と交錯しているが、[*9]ハーンの物語でも、彼女は、若い美しい外観とは裏腹に、永遠の齢をへた老女の心をもっている。その目には、十八歳の巳之吉は、まだ幼い生まれたての命に映る。ハーンの女神は、ギリシアの神々とはちがい、セクシュアルな欲望に駆られるまま、美少年を破滅させるようなことはしない。雪女は、巳之吉そのものよりも、巳之吉のようなかわいい男の子がほしい、我が子として産みたいという欲望から、異界の掟を破り、斯界に現われ出てきてしまう。ハーンの雪女は、きわめて凶暴な、越境する母性なのである。だからこそ、ハーンは、巳之吉との夫婦仲など一切書くことなしに、お雪の体から、いきなり十人という、とほうもない数の子供を誕生させたのである。

母子神話と父子神話

この十人という子供の数は、これまで見てきた日本の雪女伝説の語り手のほとんどが、そのまま引き継ぐことを拒んだ数で、それが、大正から昭和初期の日本の家庭では、ありえない数ではなかったのにもかかわらず、たいていは、三人から五人という穏当な数に切り詰めてしまっている。一般的にハーンは、日本の物語の再話において、原話の荒唐無稽なディテイルを、よりリアリスティックに書き改めるのだが、この場合は、逆に、ハーンの物語を再話する日本の語り手たちが、原話の細部を荒唐無稽とみなして、よりリアリスティックに書き改めているのだ。十人という子供の数は、ハーンにとっては、雪女の母性を神話的に語るために不可欠の描写だったが、日本の語り手たちは、雪女の母性をそこまで神話的に造形する必要を認めなかったのである。彼らにとって雪女は、所詮、正体を見破られ、涙ながらに子別れをする「信田妻」の変形にすぎなかった。

ハーンの「雪女」における「母性」の優遇と神話化は、子供の数だけでなく、巳之吉の生身の「母」にまで及んでいる。これは平川祐弘が指摘していることだが、[*10] 巳之吉の母の幸福は、必要以上に強調されていて、お雪が巳之吉の母にとって、いかに非のうちどころのない嫁であったか、いかにお雪に感謝して満足して死んでいったか、これが物語の本筋には少しもかかわらないのに、本来なら、巳之吉とお雪の夫婦関係を語るべき物語の中盤で、長々と挿入されているのである。

それに対して「父性」の抑圧ないしは不在もまた、この作品の顕著な特徴で、巳之吉にまったく「父」の属性が与えられていないばかりか、巳之吉の父もまた、はじめから存在せず、「寡婦」(a widowed mother) という母親の境遇としてしか、説明されていない。しかも、雪女は、なぜか初対面の場で、巳之吉に父がいないことを承知していたようで「たといお母さんにでも言えば、只ではおかない」と脅している。これもまた、十人の子供と同じく、父の不在が、リアリズムとは異なる次元で語られてしまっている証拠だろう。繰り返し強調される母子の関係。そして完璧に排除された父子の関係。巳之吉はこの強烈な母子関係の磁場のなかでしか生存を許されていない。

この父親の不在もまた、日本の語り手たちが、ほとんど無意識のうちに修整してしまった点で、白馬岳の雪女伝説は、冒頭いきなり、茂作を箕吉の父とすることで、この不在を解消している。民話「雪女」の決定版というべき、松谷みよ子の再話が、徹底的に茂作・箕吉の父子関係に焦点をあて、父を失った孤児の物語に改変していることは、すでに指摘したとおりである。茂作が箕吉の父とされ、箕吉の目の前で命を奪われることで、白馬岳の雪女伝説は、この物語の主題が、家長の代替わりであることを告げている。箕吉の母は、この伝承の系統の早い段階で言及されなくなり、松谷版では、はじめから父と子の二人暮らしという設定になり、ハーンとは逆に、母親の不在の理由さえ語られていない。松谷の「雪女」は、父子家庭にはじまり、父子家庭におわる、父子関係の循環相続の物語となっている。次節でくわしく扱う越後の有名な「銀山平《ぎんざんだいら》の雪女」でも、母親は完全に消去され、ハーンの母への特別な思いは、完全に父親に置き換えられて、これ見よがしの父への孝行物語に書き換えられている。こうして書き伝えられた民話「雪女」は、わずか五十年ほどの伝承のなかで、ハーン固有の特質を失い、伝統的な異類婚の物語、すなわち、父と「内」の勝利の物語、異類の女の放逐と子の獲得の物語に変換されるのである。

「雪女」、その悲しみの正体

ハーンの「雪女」を母子関係の神話化として読んだときに、ひとつ、奇妙に思えるのは、十人もいるはずの子供たちの存在感の薄さである。これは、本来、夫であり、父であるはずの巳之吉が、雪女に見下ろされ、また、雪女を見上げる、「子」の役割と視線を独占してしまっているためにおこることなのだろうが、そもそも物語の語り手が、二人の間に生まれた子供を語ることに不熱心で、その誕生と成長を伝える文章も、「お雪は、巳之吉に十人の子供を産んだ。男の子も女の子も、みな綺麗な子で肌がとても白かった」(拙訳)と、まるで犬の子の描写のように、いや、犬の子でももう少し丁寧に書くのではないかと思えるほど冷淡でそっけない。「雪女」は、子供を捨てる母親の悲しみの物語であると同時に、母親に捨てられる子供たちの悲しみの物語ではあるが、その子供たちの悲しみを表象し体現しているのは、別れのドラマの背後で、芝居の大道具の書き割りのように物音ひとつたてずに寝ている十人の子供たちではなくて、その前で、子供の特権を剥奪され、立ちすくんでいる巳之吉なのである。

今ひとつ、「雪女」を既成の異類婚姻譚の単純な倒立と見なさないために大切なことは、語りの視点のうえでは、子供の位置にある巳之吉が、物語の筋書きにおいては、母である雪女と夫婦として結ばれ、子供までつくってしまっていることである。この錯乱に深く注目すれば、「雪女」はまた同時に、危険な愛情をひそかに語るラブ・ロマンスでもある。若く美しい「母」への禁忌的な愛を、物語のなかに封じ込めてしまうこと、子供を捨てる母親の悲しみと愛情を、その身勝手な冷酷さとともに、神話として語り直すこと、それが「雪女」という言いようのない悲しみと美しさを湛えた物語の正体ではないかと、わたしは思っている。

ハーンの「怪談」は多かれ少なかれ、そうした自伝的告白の要素をもつものだが、この「雪女」についていえば、禁忌にも近い愛と、その対象を失った傷跡が、素直に、無防備に、語られてしまっている。この物語は、日本の雪女というささやかな伝承や断片的な信仰を素材に、心の内奥の声に耳を傾けて、実世界のモラルから解放され、自由に語られたものなのだろうと思う。だからこそ、ハーンは、わざわざ逆に、これは武蔵の国の調布という村の農夫が語った物語であると、作品集の冒頭に注したのかもしれない。もともと、そうしたエキゾチックな韜晦こそが、

Kwaidan という英語の書物の、そして Lafcadio Hearn という英文学作家の生涯のスタンスだったからである。

第三章　註釈

1 雨宮裕子「異類婚の論理構造」、小松和彦編『昔話研究の課題』、名著出版、一九八五年。
2 同、五二九頁。
3 藤原万巳「増殖する雪女―『雪女』小論」、『ユリイカ』、一九九五年四月号、二八九頁。
4 平川祐弘編『怪談・奇談』（註Ⅰ-6）、八四頁。。
5 同。
6 こうした構図がハーンの文学で反復して用いられることについては、大澤隆幸「雪女はどこから来たか」、『国際関係・比較文化研究』（静岡大学）、第四巻第一号、七二頁を参照。
7 拙訳の引用は、兵庫県立美術館ネットミュージアム（http://www.bungaku.pref.hyogo.jp/kikaku/harn/h_tegami/h_tegami.html）による。
8 平川祐弘『小泉八雲　西洋脱出の夢』（註Ⅱ-41）、四四―五頁。
9 藤澤衛彦『日本伝説研究　二』、六文館、一九三一年、一―三頁。
10 平川祐弘『小泉八雲　西洋脱出の夢』、二二一頁。

四　「雪女」、遠野の物語になる——鈴木サツと失われた方言世界の復元

「雪女」、方言を獲得する

さて、話をもう一度、白馬岳の雪女伝説にもどし、冒頭に掲げたリストのうち、残された、松谷以降の5から8までの伝承の跡をたどっておこう。

5「雪おんな」山田野理夫『アルプスの民話』潮文社、一九六二年
6「白馬の雪女」(長野)和歌森太郎ほか編『日本伝説傑作選』第三文明社、一九七四年
7「雪女」(富山県下新川郡朝日町)石崎直義編『越中の民話　第二集』未來社、一九七四年
8「雪女」(富山県中新川郡立山町)稲田浩二ほか編『日本昔話通観　第十一巻』同朋舎、一九八一年

5の『アルプスの民話』は、著者が序文で愛読書として青木の『山の伝説』をあげていることからわかるように、青木にならった日本アルプスの伝説集である。青木の本は、山岳愛好家を中心に、熱烈なファンが意外に多くいて、一九六〇年代になってからも、このような模倣作が生み出されている。したがって、ここに載る「雪おんな」もまた、青木に依拠したものであろうが、作中、ひとつだけ目につく改変がほどこされていて、ここでは雪女が箕吉の命を救うために出現

しているのである。父の茂作は山小屋のなかで絶命するが、それは雪女の仕業だとは書かれていない。救命救助のために現われる雪女というのは、これが初めてではなかろうか。

6の「白馬の雪女」(『日本伝説傑作選』)は、松谷みよ子と同じく、村沢武夫の「雪女郎の正体」を原拠とする再話であるが、通俗的な「情話」への傾斜が著しい。七〇年代中頃には、民話ブームをあてこんで、こんな再話までが出版されていたのである。

さて、面白いのは、7と8である。

これまで見てきたように、この伝承の1から6までは、口碑伝説を名乗りながら、フィールドで採話されたものは一件もなく、ことごとく書物による机上の再話であった。ところが、この7と8にいたり、本当の口碑のなかに、白馬岳の雪女伝説が出現するのである。7は「富山県下新《しもにい》川《かわ》郡朝日町、大川四郎」と話者が明記され、また8についても「富山県中新川郡立山町」と採話地が明記されている。場所が近く、内容も似ている。7は、雪女が「小雪」と名のり、子供の数が五人とあるので、青木系の伝承の特徴をそなえているが、8では逆に茂作、箕吉という名前を失っている。また7、8ともに、松谷みよ子の再話では消えてしまった母親が復活している。

ただ、この二例については、採話の日付がわからず、また、語り手がこの話をいつどこでだれから聞いたものかも書かれていない。そうなると、これらの書物の刊行年を成立時期とせざるをえず、それが一九七〇年代から八〇年代となると、大量に流布した松谷版「雪女」に加えて、ラジオ、テレビ、映画からの影響も考えられ、もはや、その伝承の跡をたどることは難しく、その意義もうすい。

この二話に共通する特徴として、山小屋での遭難で、父の茂作が命を失っていない点があげられる。すると、雪女は、なんのために箕吉に口止めをするか、理由がわからなくなってしまうのだが、この改変は、5の山田野理夫の『アルプスの民話』で、雪女が茂作の死に関与せず、箕吉の救助のために現われるという改変と、変化の方向としては同一のように思える。つまり、こうした伝説が、共同体を越えた、より広範囲の聞き手をもつ近代的な「民話」や、子供向けの「童話」に移行していくなかで、父を殺した女と夫婦になるという点が、道徳的に強く忌まれたためではないか。こうなると雪女は、鶴女房や狐女房といった毒のない異類婚姻譚に、さらに近づいているのである。

町の雪女、村の雪女（福島）

七〇年代に入った頃から、ハーンの「雪女」によく似た物語をもちながら、白馬岳という地名をもたず、茂作、箕吉という名前もない、「非・白馬岳系」というべき雪女伝説が、各地で口碑として、多くの場合、方言のまま採話されるようになる。これらは、基本的に文字による伝承であった白馬岳系とはちがい、本当に口碑化した物語なので、その変化は実に多様で、なかにはすさまじいとしかいいようのない変貌をとげたものもある。
たとえば、ほぼ同じ内容で、同じ地方で語られていても、それが市内の町中で語られる場合と、郡部の村落で語られる場合は、ずいぶん印象が異なる。『日本昔話通観 第七巻』（一九八五）に採話された、福島市内で語られた伝説だが、箕吉にあたる主人公は、七つ八つの子供とされていて、結果としてハーンの「雪女」以上に母性愛にあふれ、洗練された人情話になっている。

昔むかし或るところで、「父様が童七つ八つばっかしの連れて」山へ用足しに行き、吹雪に襲われる。「いまちっとだから我慢しろ」と足弱の童子の手をひくが、どうにもこうにも先に進めなくなり、藪の陰に休む。「父様は我の蓑きてそれ童に被せ、我衣装取って被せ、ほぉで「凍えんなよ。死ぬなよ。な、しっかとしろよぉ」」と童をかばい励ますが、やがて二人ともとろりと眠り込んでしまう。童がふと目覚めると、いつのまにか嵐はやんで、月が出て、一面まっしろな中を、「白い衣装着たまあ世にも美くしい姉様」が、きしっきしっと雪を踏みしめあらわれる。姉様はまず眠っている父親の「顔を持上げてふうーっと息吹っかけた」。次に童の顔をもちあげたが「お前はめんごい童だなぁあんまりめんごいからこの度は助けておくべ。しかしなぁ俺に行逢ったつ話は絶対人に語ってなんねえぞ。人に語ればお前の命無えから」といって許す。翌日、里の人達がふたりをみつけ「我子もごいとってこうして蓑から、我の衣装からみんな子にからめて、ほぉでこの爺様我一人じ死んだんだわ」といって、「ずるずる引いて」里へ帰った。

童は子供心にそれを覚えていて、雪が降る度に、「このような吹雪の日であったなぁ」といい、おっ母様と二人で暮らしていたが、やがて年頃になった頃、ひどく吹雪く晩のこと、若い旅の女子が宿を求めて訪ねてくる。嵐は翌日もやまず、そのまま七日七夜、暮らすうちに、おっ母様はすっかり娘のことが気に入り、嫁になってくれと頼む。娘は、知らない縁者を頼るよりはと承知し、春からは「畑も耡《うな》ぁ田さも出る。山さ行ぐにも一緒」でよく働き、「このようないい娘授いて俺は何と仕合わせだ」とおっ母様は喜び、三年ほどたって亡くなるが、その後、次々と子が生まれ、家はにぎやかになる。しかし不思議なことに、「その嫁様というのがまず雪の中迷って来た時のまんま、何ぼ荒らい仕事すべえが、年もとんねくちゃ色も黒くなんね。美しいまんまであったと」。

そしてある冬の吹雪の晩、息子が父様の死んだ夜のことを語ると、嫁は「「何とお前様とうとうしゃべったかい」とこう言って、すうーっと立ってた時には櫛巻きにしった頭の毛はざさっと流れてしまって、そぉで立った姿は雪の中、きしっきしっと来た女子そのまんまになっていたという。ほぉで「言ったらば命はねえと言った筈だ」と言って手伸ばした時に、その父様の脇に寝ていた一番ちんこいややがぎゃあぎゃと泣いたと。したらばそのおっ母様わが子泣く声にひかさっち、子を抱いて懐あけて乳飲ませてややの顔見て、父様の顔見て、ややの顔見て父様の顔見て、ずらっと並んでる子達の顔見て、「殺すに殺されねえ」とそう言ってばたっと戸あけて外に出てったっきり雪の中さ紛れてしまったと」。*1

語り手の遠藤登志子は、小学校教員の家庭に育ち、福島の各地を転々としながら、二百話近い民話をおぼえたという。その語りの巧みさは、『遠藤登志子の語り—福島の民話』（一声社、一九九五）という単行本を読むと、よくわかるが、この「雪女」でも、その技巧は、いかんなく発揮されている。この人は、おそらく育児や児童教育のサークルに近い場で語る機会が多かったのであろう、吹雪の晩に童をかばい、自分の着ている衣類をかけてやり、自分は凍死してしまう父親にしても、子の泣く声におもわず懐を開いて乳をやってしまう雪女にしても、子を可愛がるしぐさが作中にあふれていて、豊かな地方都市の、洗練された昔語りのあり様を教えてくれる。これは松谷「民話」の福島版といってもよいのではないかと思う。素材としては松谷をベースにして、ハーンをさらに大幅に取り入れたのだろうと思う。

もうひとつ、同じ福島での採話を見ておこう。福島といっても郡部の小集落（石川郡平田村小平真弓）で、東洋大学の民俗学会が記録したものである。遠藤とは対照的に素朴というか、かなり荒っぽい語り口で、ところどころ、よくわからない語句もあるのだが、おそらく、こうした語りのほうが地方の口碑としては標準的な形なのだろうと思う。

語り手の熊田トメは一九〇四年生まれ、実母が早死にし、義母に育てられたという。家が薬湯をしていた関係で、その湯に来る人から聞いた話が多く、近所のおばさんたちが「昔はこんな話があったって言うが、おめえも気を落とさないで、しっかり親の言うこと聞くんだぞ」といい、話を語って聞かせてくれたという。この人の語る話には継子話が多く、この「雪女」にも、死んだ「おんつあま」（意味不詳）のために川っぷちで花を取るといううくだりには、なんとも言いようのない淋しさがただよっている。この「雪女」がいつ、だれから聞いた話なのか書かれてはいないが、ほかのいくつかの話のように、幼年期に湯の客から覚えた話だとすると、明治末から大正のはじめにかけてのことになる。

近来童話ニ関スル著書続々刊行セラレ、如何ナル寒村僻地ニモ殆ド行キワタレル姿ナルヲ以テ……地方在来ノモノ殆ドソノ影サエ止メザルニ至レリ。[*2]

これは一九〇五年頃、文部省が各府県にあてて、その管内の俚謡《りよう》、俚諺《りげん》、童話、古伝説について、調査報告を求めたことに対する、富山県上新川郡第一区域校長会の回答である。柳田国男の『遠野物語』が出版されるのが一九一〇年であるから、その数年前に富山県では「如何ナル寒村僻地」でも活字が口承を駆逐してしまっていたのである。

母を失い、しょんぼりと薬湯の番をする少女に向かい、近所のおばさんが、どこかで仕入れた、とっておきの昔話をしてやる。それが「雪女」伝播のひとつの道だったのだろう。以下、熊田トメの語る「雪女」である。

ある時、爺様と婆様があって、その家に息子が一人あった。息子は山へ木刈りに行くが、そこに一人の「おんつあま」があって、ふたりで行く。大雪となって山小屋に避難するが、「はあ、おんつあまは雪に凍らせられちゃって、おっ殺しちまったって」。息子は助かり、「雪で死んじまったおんつあまによ、（花取ってあげべ）と思って、それ川っぷちさ来て、花とっただってね。そしたらめんごいその姉様が出て来て、「あんた花取んですか」ったら、「そうだ、俺げのおんつあまはこうして山さ木刈りさ来たあげくに、こごえ死んだから、花でも取ってあげべと思って」って、花取りしたど」。そうしていると暗くなって、めんごい姉様は、泊めてくれという。姉様と息子はやがて結婚し、子供が何人も生まれる。〔たぶん、語り忘れていたのだろう、ここで初めて、大雪のとき、山小屋で何が起こったかが語られる〕

「うちのおんつあまはよ、山さ行って行き倒れになって、めんごい姉様だったけんど、雪降らせらって、殺されちゃった」「おめごと、こうして助けてやっから、んだからおんつあまは雪で倒れたっちゅうことは誰にも言ってなんねぞ」しかし息子は嫁にそれをしゃべってしまう。「「言うなってことを話しちゃったからは、もとに戻んなんね」って、もとの雪女になっちゃって。そうして「天さ上んなんね」って、子供を聟《むこ》様にみんなあづ〔ママ〕けて、我は天さ登っちまったど。それが雪女だったと」。*3

雪女の恩返し（栃木）

これは栃木県塩谷郡栗山村日陰で語られていたということで、一九八〇年頃採話されたもの。『日本昔話通観　第八巻』に梗概だけが掲載されている。

男が雪にふりこめられて、山小屋にいると、夜中に、戸をたたく者がある。あけてやると、十七、八の若い娘で、娘は助けてもらった礼に、嫁になろう、という。ただし、雪の晩、山で会ったことは人にしゃべらないようにと口止めする。娘は働き者で、子を産むが、あるときうっかり嫁のことを人にしゃべると、「約束を破った」と言って、子供を連れて、雪の中に姿を消してしまう。[*4]

東北地方の口碑には、若い娘が男（あるいは老夫婦）の家を訪れ、嫁（あるいは娘）になるが、春になると（あるいは風呂にはいると）消えてしまうという、半ば笑い話化した雪女の話が多く伝わるが、これは、助けられた娘が恩返しのために嫁になるというところが、鶴女房的になっていて、しかも、山小屋で雪に降りこめられるというところと、人にしゃべるなという禁忌に、ハーンの「雪女」の特徴が、くっきりと残っていて面白い。ただ、殺人の忌避と報恩譚化からみて、それほど古い伝承ではなさそうだ。

山姥になった雪女（山梨）

山姥というのは、山に棲む恐ろしい鬼のような形相の老婆として描かれることが多いが、もとは山の神に仕える神の眷属《けんぞく》であったという。これがしばしば雪女と同一視されて、たとえば伊予の雪婆の伝説として語られていることは、すでに民俗学者によって報告されているが、[*5]ハーンの「お雪」が老婆の姿をとると、これがもとは同一の話だったとは思えないほど不気味な話になる。

山梨県市川大門町に伝わる「雪のご霊」である。

ある息子が夜、舟場（山梨県南巨摩《こま》郡の地名）にいくと、恐ろしい鬼のようなばあさんが寝ている。「正体がわからん人間じゃねえような、顔人間のような顔だけんど、姿がぬれてるような、おっかねえようなでね」。逃げると呼びとめて、正体をみられた以上、殺してやるところだが、「おまえさんきれいだから殺しちゃもったいねえ。生かしてやるけんど、このことは人にもらすとおまえの命はないからそう思え」といわれる。

数年後、大雪の晩、きれいな娘が息子の家を訪れる。どこへ行くと尋ねると、海をとおって、向こうへいかにゃならんというので、この大雪ではむりだから、休んでいけと引き留める。結局、娘は家にとどまり、おかみさんのようなものになり、子供も生まれる。なんでもかんでもよくするよい嫁であった。しかし、あるとき、息子が家にもどってみると、あの舟場でみた姿をあらわしている。「こわい」といって息子は飛び出すが、つかまってしまう。「あんときの約束忘れたか。おまえは殺してやりてえけんど、子どもがいるから殺せん。ほいだから子供をたいせつに育ててくりょ。おれはあきらめて帰るから」。それが雪のご霊だった。[*6]

なんとも不思議な話で、わけのわからないところがいくつもある。「顔人間」というのは、なにものなのか。娘はなぜ夜中に「海をとおって、向こうへいかにゃならん」というのか。息子は「人にもらすな」というタブーは破っていないようなのに（語り手が語り忘れているのだろうか?）、鬼婆が正体を現わすのは、なぜなのだろうか。それにしても「おまえさんきれいだから殺しちゃもったいねえ」というセリフの生々しさは普通ではない。ハーンの芸術作品は、ここまで土俗化するのである。

「銀山平の雪女」（新潟）――戦時体制への順応

白馬岳の雪女とは別に、もうひとつ、明らかに一本の系統に属し、多くの書物に拾われている雪女伝説に「銀山平の雪女」がある。これは越後（新潟）の伝説としては非常に有名なもので、この地方の伝説集の決定版というべき磯部定治の『ふるさとの伝説と奇談』や、小山直嗣の『新潟県伝説集』に採録されているので、ご存じの方も多いと思う。[*7]

物語の舞台となっている銀山平は、上信越国境、只見川の源流盆地にあって、かつて銀山の開発で栄えたので、この名がある。今は、奥只見ダムの完成により水没し、銀山湖（奥只見湖）を中心とする観光地として有名になっている。ただし、この銀山平という地名は、伝承によっては消えてしまい、たんに越後の伝説と紹介されていたり、北魚沼郡湯之谷村の伝説とされているので、むしろ、主人公の名前から「吾作」系と呼ぶほうが、見分けやすいかもしれない。

この物語がはじめて活字になって登場するのは、戦時体制下の一九四二年に出版された『越後の国雪の伝説』（長岡目黒書店）という本で、これは、『北越雪譜』にならい、越後に伝わる伝説より雪に関する二十三話の口碑伝説を集めたものだという。著者の鈴木直については、以下の『越南タイムズ』（一九五六）の記事以外のことはわからなかった。

『越後の国雪の伝説』は昭和十七年出版された。著者鈴木直氏は旧北魚藪神村（現広神村）新保出身で現在長岡市神明町××〔引用者による伏せ字〕番地に居住十日町市十日町高校教諭として在任中である。[*8]

この話がまず二年後に、新潟県高田市出身の芥川賞作家小田嶽夫の『新民話叢書　雪女』（翼賛出版協会、一九四四）に再話され、つづいて、戦後になって、児童読書研究会編「日本むかし話全集　五」『雪おんな』（ポプラ社、一九五七）に童話として登場する。そしてその後も、多くの民話、伝説集に収録されていることは、すでに述べたとおりである。そして、この間の伝承は、ほぼ確実に、文字によるもので、たいていの場合、巻末に参考文献として鈴木の書名があげてあり、また、出典が記されていない場合でも、本文を読めば、鈴木または小田嶽夫の本の再話であることが明らかで、その点、いたるところで、口碑の採話であるかのように偽装されていた白馬岳系の伝承とは違い、ずいぶんすっきりとして見える。

ただ、問題は一番古い鈴木直の本に、出典が記されていないことで、これが鈴木の創作なのか、それ以前の記録を小説的に書き改めたものかがわからないことである。話の内容からいって、わたしは、これがこのままの形で口碑として存在したものだとは信じられない。というのも、この鈴木の「銀山平の雪女」は十六頁もの長さがあって、一九一八年の大塚礫川の「伝奇物語　雪女」[*9]の二段組み十二頁という長さと並んで、ハーンに由来する雪女伝説としてはもっとも長い話となっているからである。とりあえずは鈴木直の語る物語を紹介しておこう。

上信越国境の山深い銀山平に、吾作という二十歳の若者が、父とふたりで暮らしていた。ある日、吾作は年老いた父に代わり、新年を迎えるための魚をとりに、山奥の谷川に出かけるが、思わぬ大雪にあい難渋しているところに、見たことのない不思議な山小屋をみつけ、助けをもとめる。中には、若い女が一人いて、吾作を暖かくもてなすが、名乗りもしないのに、なぜか吾作の名を知っている。そして、自分のこと、この山小屋のこと、そして今夜のことを他言しないでほしいと頼み、綿入れを吾作にかけると、白い薄着一枚になり、外へ出て行ってしまう。

吾作は不思議に思うが、翌日、女に会わぬまま、家に帰る。それから三年後、同じく雪降る山中で、吾作は、お雪という若い旅の娘に出会う。吾作は、道中をあやぶみ、家に泊めてやる。お雪は相次いで両親を亡くしたばかりで、遠縁の者を頼って、羽前鶴岡から日光へ向かう途中だという。雪はやまずに街道が途絶したため、お雪は旅をあきらめ、春になるまで吾作の家にとどまることにする。男所帯の陰惨な冬ごもりが、お雪一人の存在により、明るく華やいだ暮らしとなる。お雪は、老衰した吾作の父を親身になって世話するが、その甲斐もなく、翌秋、死去する。近くに住む叔母のすすめで、吾作はお雪を嫁にする。夫婦のあいだには、子供が次々と生まれ、どの子も利口で可愛い顔をした器量よしであった。お雪は三人の子の母となっても、若く美しいままで、その顔は雪のように白かった。その顔をながめるうちに吾作は、あの夜の記憶がよみがえり、とうとうお雪にその話を語ってしまう。
お雪の表情がかわり、
「今はもう何を隠しませう。わたしがあの晩の女なのです。「雪女」です。お約束によって唯今あなたの命は頂戴いたす筈ですが、可愛い三人の子供のために、お命だけはあなたにおあづけして置きます。子供を可愛がつてやつて下さい」[*10]
と言い残し、姿を消してしまう。

この物語は細部が書き込まれているわりには、物語の根本が奇妙にぼかされていて、まず、第一に、はじめの山小屋で、吾作は、このことをもらすと命をとるとは脅されていない。ただ、他言しないでほしいとていねいに頼まれただけである。それから、この山小屋では、人の命が奪われたわけでもなく、また、雪女が吾作に心惹かれた様子もない。吾作の容姿については、作中、なにも書かれていない。雪女がなぜ吾作のもとに現われるのか、なぜ、この山小屋のことが秘密なのか、なぜ大雪のなか、吾作をおいて出て行ってしまったのか、すべてがあいまいなまま、最後にはハーンの原話どおりの結末を迎えてしまうのである。これが口碑ならば、こうした不完全な語りはよくあることなのだが、これは教員が書いた、十六頁もの長さの小説なのである。
それとは対照的に、物語の細部についての道徳的・教育的な配慮は、神経質なほど行き届いていて、吾作は近所でも評判の孝行息子で、高齢の父親は常に吾作の身を案じていて、叔母の薦めで祝言を挙げるまで、吾作は一年近くも同居するお雪に惹かれた素振りも見せない。お雪にいたっては、働き者で、よく気がきき、炊事から針仕事まで、できないことはなにひとつなく、病身の吾作の父の面倒をよくみて、伝説というより修身の教科書の登場人物のようである。

著者の鈴木直は戦中から戦後まで一貫して、郷里で教鞭をとる教員で、この本に序文を寄せているのも、新潟県学務部長と新潟県教育会長である。

鈴木は、自序で伝説とは倫理道徳の鏡であると言っている。

お伽噺めいた伝説の中に儼存するのは、敬神崇祖の念であり、忠孝を根幹とする人倫の高揚であり、将又《はたまた》良風美俗の推賞に外ならない。更に加之《しかのみならず》、纏綿たる親子骨肉の情を説き、其処には、時所を超越する我が国民の倫理道徳の美をも誇示して居る。[*11]

結局、この長い不思議な「雪女」の執筆動機として、唯一、わたしに思いつくのは、鈴木は雪女伝説の、ある種の戦時体制版を作ろうとしたのではないか、ということである。もとの雪女伝説から、殺人・異界・性愛という危険な要素を徹底的に排除して、いかに口うるさい検閲者からもクレームのつけられないような、「安全な」バージョンを作ること。それが、この越後の吾作系「雪女」の正体ではなかろうか。そのおかげで、戦時下の統制と窮乏がいよいよ頂点に達した二年後の一九四四年十二月に、その再話が『雪女』という書名をもって翼賛出版協会から出版できたのだろう。[*12] だとすれば「雪女」もまた、戦争から無傷ではありえなかったのである。

「雪女《ゆきおなご》の話」(遠野)

遠野の昔話や口承伝説を愛する者で、鈴木サツの名前を知らない人は少ないだろう。サツは、一九一一年、岩手県上閉伊《かみへい》郡綾織村(現在の遠野市綾織町)に生まれ、一九九六年に亡くなるまで、最後の語り部として、遠野の昔話を全国各地で口演し、『遠野物語』や『聴耳草紙』などの書物が伝えることのできなかった、実際の昔がたりの有様を、現代のわれわれの目と耳に残していってくれた人である。

サツが一九八六年から九一年にかけて語った一八八話におよぶ昔話はすべて『鈴木サツ全昔話』に、その息づかいまで感じ取れるような見事な翻字によって記録され、音声そのものもCD化されているので、彼女の優れた語りは今でも容易に体験することができる。この『全昔話』の第一三番に「雪女《ゆきおなご》の話」が収められている。これは柳田国男の『遠野物語』などにある、いつい つの日は雪女が出てくるので、子供ははやく家に帰れというような、断片的な言い伝えではなくて、木こりの親子が吹雪にあい、避難した山小屋で雪女に襲われるという、本格的な物語である。

ハーンの「雪女」は、どのような経路をたどってか、遠野の昔話として語られていたのである。サツの語る「雪女《ゆきおなご》の話」は、それほど長いものではないので、その内容を論じる前に、全文を見ておきたい。〔ここでは『全昔話』の標準的テキストではなくて、一九八八年、会津民俗研究会がおこなった聞取り調査の記録から引用する。両者には語り口と表記にかなりの違いがあって、それらを比べると、方言による、本物の口承文芸を文字で固定化することが、いかに難しいか、よくわかる。〕

昔《むがす》、あったずもな。

ある時《どぎ》、親父ど息子ど、山サ木伐りに行ったったずもな。サア、そしてぇば、何もかにも、雪降って、吹いで、その晩げ、家《え》サ帰《けぇ》って来られねぇぐなったずもな。

その親父と息子と、山小屋の中《なが》サ火ッコ焚《て》えて、あだってたっずもな。そしてぇば、風吹いで、入《へぇ》り口のげば〔戸口のムシロ〕、バサァッと飛んでくれば、大抵《てんてぇ》の人ァ、さっぱりハァ、消《け》ぇでしまるようになりなりしたったずもな。

そしてあったずが、大ーきな風吹いで来た所《どごろ》、雪の塊、もこもこもこーッと、入《へぇ》って来たっずもな。

そしてぇば、その、雪の塊だど思って見でら、その塊の中に、何とも言われねぇ、美《うづぐ》しーな、何とうな、真白な、美しーな、その、あねさま、親父サ、ホワーッと息《いぎ》かげだば、その親父すっかりハァ、凍《し》み死んじまったずもな。そして、その童子《わらす》サ、

「この事《ごと》、誰サもしゃべんなよ。しゃべれば、お前《めえ》の命《いのち》もねぇがらナ。」

って、そして出はって行ってしまったずもな。

息子ハァ、ホレ、たまげでしまって、しゃべんなって言やれだし、家《え》サ帰って来て、その男童子《おどごわらす》、だんだんに年頃になって居だったずもな。

そして、嬶《がが》もらねばなぐなって居てば、嬶にしてけろず、娘《あね》ッコ来たったずもな。そして、とっても美《うづぐ》し娘《あね》ッコだったず。嬶になって、それごそ、童子《わらす》持ったりて暮してらったずもな。

よほどたってからだずが、童子《わらす》三人も生れでがら、やっぱし、その、山で吹いだどきのような大風吹いて、雪の塊、飛んで歩《あり》ぐ大荒れする晩げだったずもな。その男《おどご》ァ横座《よこざ》サ、あだってがらに、

「あの時《どぎ》も、こなな晩げだったな」

って、しゃべったずもな。そしたば、そこサあだってた嬶の顔色《つらいろ》、「ザッ」と変っだったど。そして、

「お前《めえ》、あのくれぇ俺しゃべんなったっけ、しゃべったな。」って、言ったずもな。そして、

「俺ほんとは、お前の命《いのち》取んねぇばなんねぇども、今、童子三人あるがら、お前の命ば取んねぇがら、この童子おがして〔育てて〕けろ。」

って、そして、その雪女出はって行ったんだとサ。

どんどはれぇ。[*13]

これはハーンの原話を知るものにとって、衝撃的ともいえる内容と語り口ではなかろうか。少なくとも、わたしは、この話を読んだとき、その強烈な方言と土着性は別として、ハーンの繊細な物語が、芸術性を失うことなく、ここまで単純化できるのかと驚き、その驚きが、この長い論考を書こうと思い立ったきっかけのひとつとなった。

ハーンの母性愛にあふれ、強烈な個性と欲望をそなえた全能の女神は、その忘れがたい仕草と言葉の大部分を失い、寒い貧しい農村のひとりの子供から、年老いた命を奪い、代わりに若い三つの命を与え、なにも教えず、なにも説かず、めぐりくる季節の神として、墨で描かれたような単色のシルエットのまま、立ち去り消える。

いわゆる「民話」というものの、近代的な情緒と合理化になじんでしまった者にとっても、この、サツの、無駄のない、直線的な語り口は、驚きだろう。ここには、もはや茂作や巳之吉、お雪といった固有名詞はない。母親についての言及もない。地名という、雪女伝説に不可欠な、その実、いくらでも変換可能な記号もない。木こりや猟師の生活習慣についての耳障りな講釈もない。あら筋も描写も、必要最小限に切り詰められながら、しかし、物語の本質的な効果は少しも損なわれていない。「あの時も、こなな晩げだったたな」という、ただのひとことで、「嬶の顔色」が「ザッ」と変わり、そこから、わずか数行で結末を語り終えてしまうスピードと緊迫感には、ハーンの原作と並べても遜色のない高い芸術性がうかがえる。

父、力松の膝の上で

この語り口はどこから来たものなのだろうか。サツ自身の回想によりながら、その起源を確認しておこう。[*14]

サツの語る昔話の大部分は、幼年期に父の力松から聞いた話だという。サツの父、菊池力松は、一八八九年、綾織村の生まれ。その三年前に、『遠野物語』の採話者であり、『聴耳草紙』を著した佐々木喜善《きぜん》が、隣村の土淵《つちぶち》村に生まれているので、まさに『遠野物語』の同郷、同時代人である。力松は農業のかたわら、山に入り、栗の木を買い集め、鉄道用枕木にして売る「杣《そうま》取り」をし、後には、家材取りの「山棟梁」、製材をする「木挽き」、それに頼まれれば、臼彫りもした。

サツはこの器用で多忙な父から愛されて育った。サツの家には「爺様も婆様」もいなくて、母の膝は生まれたばかりの弟にとられてしまっていたので、長女であるサツは、力松が仕事から戻ってきて「まず風呂さ入って、とにかく父が長い着物きればハ、私は「むかす」聞けるもんだと思って、父の膝の上へ行った」という。こうして風呂上がりの父に、「まっと聞かせろ、まっと聞かせろ」とせがんで、五、六歳から小学校二、三年あたりまで聞かされた話が、後にサツが人前で語る昔話の中核になった。

サツが自分の昔話の来歴を語る言葉のほとんどは、父力松について語る言葉である。力松は、綾織で三本指に数えられれほどの話上手で、昔話だけでなく、近所に諍いや離縁話などがあれば、「力松つぁん、頼んできてよ」といわれ、仲裁や用足しに出かける人であった。人柄も陽気で冗談好きで、

それに、やさしい、おだやかな人でね、私だけじゃなく、だれでも、みんなに怒らないの。母のほうは厳格な人で、私たちは小せえころ、お母さんにはさんざん怒られたのす。でも、お母さんにしかられたのなんか、「くそっ」と思ってるの。ただ、父に、

「お前、それでいいのか」

って一言いわれると、背筋がぴーんとなんだっけ。

小笠原流の礼法の師匠になれるといわれるくらい礼儀作法に詳しく、学校の勉強もよくできて、高等小学校を出たときには「役場さ入れ」といわれたほどだった。唄もうまく、「なにやったたって腕がよくてね、人一倍立派な仕事する人だった」。

豆種選り、煙草伸し、春の田掻き、夏の草取り、秋の稲掛けと、力松の手伝いをしながら、サツは、昔話だけでなく、さまざまなことを教わった。田の草を取るのでも、

「中指を一本、こうして株の真ん中さ入れて、栄養分の通りをよくするように取れ」って教

えるんだよ。たぁだ取るんじゃないのよ。どうすればいいか、その理由を子どもにちゃんとわかるように話す人だったもの、うちの父は。

父はじっさい話がうまかったんだねえ。こうやって百姓仕事教えるときだって、昔話しゃべるときだって、ただわかりやすく話するだけじゃなくて、それがすっかり絵に見えるよな話する人だったから、わたしには絵に見えたから、上手だったんだねえ。

だからね、いま私が昔話を語るときも、絵が、こう、見えるような感じがするもの。〔中略〕父の話は、絵で頭の中さ入っているのよ。

サツの「雪女の話」が、無駄のない、男性的な語り口であるのは、父力松の語りを忠実に模しているためだろう。しかし、この一見ぶっきらぼうな語り口は、身内には意外に不評で、それではわかりにくいと何度も注文をつけられた。しかし、サツは「これはこれでいいんだって。……あんだのこんだのつったら、なんにもつまらねんでねえか」と言い「親父から聞くとき、そういうふうに聞いてから、おれはそうしゃべる」といって、自分のスタイルを変えなかった。

父は説明しねんだもの。しゃべっていくうちに、自分の判断と、それからその話の内容で、私たちわかったんだもの。

細かく説明すれば、それは、聞く人がわかるかもしれないけれども、本気に昔語り聞く人は、つまらねんだっていうの。〔中略〕私は、説明したくないよ。ただ、わけがわからなかったら、そのつどそこは教えるけれども、説明はしていきたくないよ、私。

ここにもまた、神のように崇める人と過ごした幸せな幼年期の記憶と、その人の膝元で物語を聞いた快楽を、生涯かけて反芻する語り手がいたのである。

その力松がどこで話を聞いてきたかというと、身内には昔話を語る人がなかったので、血筋ではなくて、高等小学校の受持ちの先生で、同じ綾織出身の、稲木良介という先生からではなかったかとサツは推測している。また力松は木材の商売にもかかわっていたので、山形、秋田、仙台とあちこち出かけていて、その出先で聞いた話もだいぶ入っていたらしい。

遠野の「雪女」の来歴

それではサツの語る「雪女の話」はどこから来たのだろうか。

『鈴木サツ全昔話』（一九九三）は、国際口承文芸学会でその事業が紹介されたとき、「日本ではそんなことが可能なのか」[*15]と賛嘆の声があがったといわれるほど、野心的な学術研究書でもあるが、その多くの美点のうち、わたしがもっとも感心したのは、この本の三人の編集者たちが、口承昔話というものを、いたずらに神秘化せずに、その出典をできるだけ正確につきとめようとしていることだった。わたし自身、雪女の伝説を調べていて一番困ったのも、この点で、とにかくみな一様に、その由来をあいまいにし、遙か昔から民間に伝わる物語であると、神秘のベールをかぶせたがるのである。それは、戦中から戦後にかけて右から左へと大きく舵をきった「民話」研究においても、忠実に受け継がれてしまった「悪癖」で、さかのぼれば、ハーンの『怪談』の「雪女」の前書きそのものが、そうしたロマン派的偽装の罪を完全には免れていないのである。

しかしこの本において、鈴木サツは、(なぜ編集者たちがそんなことを知りたがるのか、あやしみながらも)あきれるほど正直に、自分の昔話の来歴を語り残している。これまでの民話や昔話の研究書で、ここまで語り手に、その手の内を公開させた例はないのではないか。

一例をあげておこう。

「おしらさま」は遠野の昔話を代表する話で、この全昔話でも第一番として巻頭に収録されているが、サツは、この話を耳にしたことはあるが、父の力松から昔話として聞かされたことはなく、したがって、本来、自分の語れる話ではなかったと告白している。これを語るようになったのは、一九七一年、遠野の市民センターにホールができて、そのこけら落としに呼ばれたときに、突然、「おしらさま」を語ってほしいといわれて、開演直前に、土淵小学校の校長福田八郎に教わってからだという。それで初めの頃は、語っていても、どこかぎこちなかったが、その後、何百回と語るうちに、ようやく自分でもしっくりいくようになった。しっくりいくというのは、サツの場合、父の語りに近づける、父の語ったように語り直すということである。「雪女の話」もまた、「おしらさま」同様、「昔話かたるようになってから人に教えられた話」だった。サツが公けの場で昔話を語るようになったのは、一九七一年、NHKが父の取材に訪れたときのことで、このとき、力松が老齢と病気のために昔話を語りきれないでいるのを見かねて、代役を務めたことがきっかけとなっている。

したがって、「雪女の話」を知ったのは、おそらく一九七〇年代、サツが六十歳を越えてからのことである。七〇年代といえば、ちょうど第二次民話ブームのさなかである。サツにこの物語を教えたのは、かかりつけの医師で、遠野生まれの佐々木洋で、佐々木がどこでこの話を知ったのかは推定するしかないが、発行・流通部数からいって、松谷の「雪女」であった可能性がもっとも高い。遠野地方にハーン型の雪女の話が、それ以前に存在した形跡はないし、ハーンの「雪女」とは、内容的に隔たりが大きすぎるように思えるからである。

それに対し松谷の「雪女」との違いはわずかで、猟師の親子を木こりに変え、子供の数を五人から三人に減らせば、筋書き的には、ほぼ一致する。いや、一致するのは、筋書きばかりでない。その成立事情もまた、よく似ているのである。要するに、語り手サツが誕生したのは、マスメディアからの取材と公的機関からの依頼がきっかけとなっていた。この点だけに注目すれば、遠野の「雪女の話」を産み出したのは、松谷の「雪女」と同じく、そして、これまで紹介した多くの民話と同じく、共同体的な口承のシステムではなくて、「民話」を求める、近代的なマスメディアからの需要と圧力だった。しかし松谷とサツの物語が似ているのは、ここまでで、ここから先、両者のあいだには、かなり大きな本質的な違いがいくつかあらわれてくる。

失われた言語空間への遡行――愛する人の物語を追って

たとえば、その長さ。サツの「雪女の話」は、松谷と比べて圧倒的に短いだけでなく、これまで見た伝承全体のなかでも、もっとも短い部類に属している。しかし、その短さは、『大語園』や村沢の「雪女郎」のような、既存の物語の「要約」としての短さではない。また、福島県小平や山梨県大門の伝承のような、口碑特有の変形・断片化しての短さとも違う。堂々と物語を語りきっての短さ、不要な説明や装飾をすべて切り落としての短さなのである。「雪女の話」は、結果として、ハーンの原作に由来する、すべての固有名詞を失い、民俗学の定義でいえば、「伝説」から「昔話」に移行しているが、それは意識的な移行というよりは、意味なく語り伝えられてきた「名前」を、語り継ぐことをやめてしまったことの結果にすぎないように思える。

そして最大の違いは方言である。

松谷は、「情話」という成人向けの読みものであった白馬岳の雪女伝説に、演劇的な仕草とセリフを取り入れ、そのセリフの語尾に人工的な方言を付加することで、「読み聞かせ」に向いた、近代的「民話」あるいは「童話」に仕立て直した。しかしそれは、あくまで読みものとしてのジャンルの変更であり、ターゲットとする読者層を変更しての現代風アレンジであって、文字世界の読みものという基本的な属性が変更されたわけではなかった。

サツは物語全体を方言で語っている。それは読みものとしてのジャンル変更ではなく、読みものから語りものへの移行であった。英文学の世界に誕生し、長いあいだ、日本の「伝説」「民話」という文字世界をさまよっていた「雪女」は、とうとう、本物の遠野綾織村の方言世界へ足を踏み入れたのである。それは純粋な話し言葉の世界への移行で、しかも半世紀以上も前の、すでに失われた過去の言語空間への遡行であった。

その変更は、サツのような経歴と資質の人にとっても、容易な作業ではなかった。

サツの父力松は、日常的にしゃべる言葉そのままで、昔話を語った。しかし、サツが昔話を公けの場で語りだしたとき、そうした方言はすでに失われていた。その変化は、戦後に生じたものではなく、一九四〇年代の初期、戦時中にサツが農村を捨て、遠野の町中に移り住んだときには、身の回りに生じていた変化だった。その頃、遠野の町中で使われていたのは、サツの知る方言ではなくて、「通用語」であった。昔話も方言で語っていては、自分の子供たちにさえ通じないので、サツは町中の「通用語」で語っていた。

サツが、一九七〇年代に「おしらさま」を語りはじめたとき、それがどうにも、長い間、しっくりこなかったというのも、初めに福田八郎から教わった話が、方言ではなくて、「ふつう」の言葉で語られていたからだった。サツは「あるところに、きれいな娘がいた」と聞かされたが「きれい」は方言ではない。それでも「きれい」が、方言でなんといったか、サツにはもう、なかなか思い出せなかったという。


あんまり出てこねえから、あるとき、昔話かたりさ行った先でいっしょになった、民謡うたう遠野の人に聞いてみたのよ。

「『きれいだ』つこと、なんていってたか知らねえ?」つったら、その人は、

「『美《うつく》す』かんべだら」つんだよ。

「それ、それ、それよ」と思ったね。昔話のなかでは、「きれいな娘」じゃなくて、「美すーう娘あったったずもな」でなけらば、しゃべれないんだもの。


「雪女の話」の語り直しも、同じことだった。「嬶《かが》にしてけろず」とやって来るのは、「きれいな娘」ではなくて、「美《うづぐ》し娘《あね》ッコ」でなくてはならない。「あったけえ」は「温《ぬ》けえ」でなくてはならない。それがサツの語るという作業であった。

サツはこうして一九七〇年代に「人前で」昔話を語るために、父力松の語った遠野綾織村の方言を取り戻していったのである。その失われた世界に回帰するなかで、サツが語り直した物語は、サツ個人の嗜好と思想の産物であるよりは、サツの生存時点ですでに失われていた、遠野の農民世界を色濃く反映させた物語となっていった。*16

これまで多くの「雪女」の変容と再話を眺めてきたが、それらは基本的にはすべて、時代への適合であり、個人の趣味や興味への最適化であった。ハーンの「雪女」は、口承で土地に伝わる伝説であると出自を偽装されたうえで、山の「情話」として、戦時体制下の教訓物語として、そして子供向けの読み聞かせ童話として、仕立て直されてきた。しかし、鈴木サツの語り直しは、それとは別次元の作業であったように思える。それは現代の社会的需要への直接的対応ではなくて、過去の言語とその表象・象徴世界への遡行だった。それは「今のわたし」の再話ではなく、「過去のわたしたち」による再話であった。その過去がどれくらい以前にまで遡れるのか、判断は慎重にしなくてはならないが、少なくとも、それは父力松の膝の上で幼いサツがうっとりと耳を傾けていた時代にまでは遡れるものであったろう。いや、そこからさらに半世紀くらいは遡れると考える人もいるかもしれない。それができたのは、もちろん、サツが文字に依拠する芸術家ではなく、新聞記者でなく、民話作家でもなく、ただ、耳で聞き覚えた言葉の世界を優先する語り部であり、そこに愛する力松がいたからだろう。

こうして「雪女」は、遠野の昔話になったのである。

第四章　註釈

1　稲田浩二、小澤俊夫編『日本昔話通観　七』、同朋舎、一九八五年、四四四―七頁。

2　稲田浩二編『富山県明治期口承文芸資料集成』、同朋舎、一九八〇年、四六七頁。

3　東洋大学民俗研究会『昭和四九年度調査報告　小平の民俗』、一九七五年、二八四―五頁。

4　『日本昔話通観　八』、一九八六年、三八二頁。

5　高崎正秀「雪女の話」、『書物の王国　一八　妖怪』、国書刊行会、一九九九年、二六三頁。

6　小澤俊夫他編『新装　日本の民話　五　甲信越』、ぎょうせい、一九九五年（初版：一九七九年）、二一二―四頁。なお話者の青柳ゑいは、一九〇二（明治三十五）年生まれ、山梨県市川大門町の人。

7　磯部定治『ふるさとの伝説と奇談（下）』、野島出版、一九九九年、七九―八四頁。小山直嗣『新潟県伝説集（中越篇）』、恒文社、一九九五年、一三八―四〇頁。なお、磯部氏も小山氏もほかに地方の伝説、歴史に関する著書や記事が多数あり、そちらでもこの伝説は紹介されていることと思う。確認できたものとしては、小山直嗣編『越後佐渡の伝説』、第一法規出版、一九七五年、一二一頁／磯部定治「湖底半世紀の夢―銀山平四〇〇年の変遷　六七（銀山平の雪女)」、『越南タイムズ』、三一一五号（二〇一〇年一一月一一日)、第四面の二例がある。なお、『越南タイムズ』のバックナンバー閲覧にあたっては、越南プリンティングの岩田直彦氏より破格のご厚意を得た。ここにお礼申し上げる。

8　『越南タイムズ』二八四号、一九五六年一年一月一日。

9　註Ⅰ‐7参照。

10　鈴木直『越後の国雪の伝説』、長岡目黒書店、一九四二年、九二頁。

11　同、「序にかへて」、五―六頁。

12　この吾作系「雪女」の初版：一九四二年、再話：四四年という出版年は、村沢武夫の「雪女郎の正体」の初版：一九四一年、再版：四三年とちょうど一年違いである。だとすると、村沢の杜撰としか思えない語りの一部、たとえば茂作殺しの場面の欠如などは、検閲を配慮したものなのかもしれない。

13　大竹修一「遠野の昔話を聴く」、『会津の民俗』（会津民俗研究会)、九号（一九八九年三月)、三八頁。

14　「昔話とわたし」（鈴木サツ・聞き書き)、小澤俊夫・荒木田隆子・遠藤篤編『鈴木サツ全昔話』、鈴木サツ全昔話刊行会、一九九三年。以下、引用は三〇九―三五頁より。

15　小澤俊夫「語り手の心の記録―鈴木サツさんの全昔話集によせて」、『鈴木サツ全昔話』、三七一頁。

16　方言で語るということが、それだけで過去の言語空間に移行することを意味しないのは、たとえば、この章の冒頭で紹介した遠藤登志子の「雪女」をみれば明かだろう。ここでは全編が方言で語られているものの、その内容は、子供への愛情と仕草に彩られた、洗練された近代的な「民話」と「童話」の世界であって、それは、基本的には、松谷が創始した芸術世界のヴァリエーションであった。

五　木下順二とハーンの消えた関係——歌舞伎『雪女』の世界

木下順二の沈黙

さて、ここでふたたび、ハーンと木下順二の関係にふれたい。すでに述べたように、木下は、第二次世界大戦後の日本における民話の流行の始まりの中心にいた人物で、おおざっぱな言い方をすれば、戦後の民話ブームは、木下の民話劇『夕鶴』の出版（一九五一）と成功から始まっている。[*1] もう少し詳しくいえば、『夕鶴』の出版のために設立された未來社は、『夕鶴』の成功に力を得て、「日本の民話」シリーズの第一巻となる『信濃の民話』を一九五七年に出版する。著者は木下順二の主催する「民話の会」出身で後に有力な民話・童話作家となる松谷みよ子で、その軽妙な文章の魅力もあって、この『信濃の民話』は、「民話は売れない」という当時の出版界の常識をくつがえし、ベストセラーとなる。松谷はまた、活字中心であった「民話」のメディアを、放送がはじまったばかりのテレビの人形劇やその後、隆盛を極めるアニメなどの映像メディアに移行させる橋渡しの役割もはたしている。そうした「メディア・ミックス」的な効果もあって、未來社の「日本の民話」シリーズは、一九八〇年に全七十九巻をもって完結する一大事業となり、一九五〇年から七〇年代のおわりまで続く「民話ブーム」を牽引したのである。

木下順二は、その誕生（一九一四）から青年時代までハーンとの縁の深い人物だった。木下の父、木下弥八郎は熊本の地主で、熊本の旧制第五高等学校でハーンから直接、英語を教わっていた。また木下自身も小学校四年生から熊本に暮らし、中学時代すでに百枚ほどの「ラフカディオ・ハーン―その研究」をまとめていた。五高に進学してからはさらに本格的なハーンの研究に手をそめ、「小泉八雲先生と五高」という考証を発表していた。これは後に『木下順二評論集』に収められ、今なお、ハーンの熊本時代ついての必読文献とされるほど質の高い論文であることは第二章で述べた通りである。*2

五高で木下順二に英語を教えていたのは、民俗学者でありハーン研究者としても著名な丸山学である。木下のハーン研究は、この丸山学との共同作業から生まれていた。*3

木下順二は、したがって、ハーンを通じて民話の再話のみならず、民俗学そのものへの関心を深めていたと想像される。以上の経緯からすると、木下が戦後、『夕鶴』をもって華々しく文壇にデビューし、数多くの「民話劇」を発表し、また民話の芸術的再生に取り組んだ背後には、少なからずハーンからの影響があったと思えるのだが、意外なことに、それを具体的に論証した文章はほとんどない。

この奇妙な空隙が生まれてしまった理由のひとつは、ハーンと木下順二のあいだにあった政治・思想的なスタンスの違いだろう。『夕鶴』の成功後、左翼・進歩主義的知識人の代表として評論や政治運動に活躍の場を広げた木下にとって、明治の外国人とはいえ、天皇制、国家神道、ナショナリズムについて明快な賛辞を書き残していたハーンは、どのような文脈でも、あまり連想されたくない人物だった。木下の東大での恩師の中野好夫のように、ハーンの旧日本への礼賛を表だって批判することはなかったが、木下がハーンを語る数少ない言葉には、ハーンから文学的な影響は受けていない、自分たちの関係はあくまで地縁によるもので、自分がハーンについて書いたのは、郷土の母校における事跡調べにすぎないとして、ハーンとの関係をなるべく形骸化して見せようとする口調がうかがえる。[*4] ほめもせず、けなしもしない、この、ひややかな沈黙のなかで、民話の近代化におけるハーンと木下順二の関係を論じる機会は失われてしまったらしい。

さらにいえば、両者の代表作、つまりハーンの「雪女」と木下順二の『夕鶴』の関係についても、やはりそれなりの影響なり、密かな因縁のようなものが指摘されていてもおかしくないのに、それも見当たらない。「雪女」と『夕鶴』の関係についてこれまでに書かれているのは、「似ている」という漠たる印象だけで、その印象の由来を確実につきとめるための考察や分析は、まだなされていないのである。

その比較をはばむひとつの要素は、わたしたちの硬直した文学史の概念だろう。先日、わたしはある講演会で、このこと、つまりハーンの「雪女」と木下順二の『夕鶴』にはいくつかの共通点があり、おそらくは影響関係があったろうという推測を述べたところ、案の定、会場から、ハーンの「雪女」はロマン主義的短編小説で、一方の『夕鶴』は、資本主義批判を盛りこんだ社会主義的演劇作品であるから、両者はまったく異質なものであるという強い反論があった。[*5] こうした「主義」で区分しようとする態度は、一般読者のなかにはまだ根強く残っているようなのだが、研究者の側からすると、両者の比較をはばむより大きな原因は、散文と戯曲というジャンルの違いにあるように思われる。同じ近代文学といっても、作者が自由な視点で物語る散文と、台詞と仕草で演じられる戯曲では、その表現方法に大きな差異があり、それが作品の書かれた時代や言語の違い以上に、慎重な研究者たちに両者の単純な比較をためらわせる理由だったように思えるのである。

「雪女」と『夕鶴』、三つの類似点

　しかし、それでもやはり、ハーンの「雪女」と木下順二の『夕鶴』は似ているのである。両者は、大まかな話型の分類として異類婚姻譚に属しているので、印象が似通ってくるのは当たり前なのだが、それ以外に共通する特徴を三つあげておきたい。

　まずそのひとつは、両者が民話という形式を借りて、日本の伝統的な民話の主題ではない主題を物語っている点である。これは民話に、資本主義批判とコミュニケーションの断絶という社会主義的テーマをもちこんだ木下順二の場合のほうがわかりやすいが、ハーンにおいても、「雪女」という冬の女神が、招かれもせずに一方的に人間に恋し、人間と交わり、男が禁忌を犯した罰として、自分の半神の子孫の養育を命じて、神の世界に帰還するという物語は、日本の伝統的な民話にはなかった主題であり、通常の異類婚姻譚からも逸脱しているのである。

第二の共通点は、この二つの作品には、一人の実在の女性に抱いた、作者の禁忌的な愛情が、異類に仮託する形で描きこまれていることである。『夕鶴』が、山本安英《やすえ》という既婚の女優のために書かれ、木下順二が主人公のつうの役をほかの女優に演じることを許さなかったというのは、木下自身も繰り返し書いている、周知の事実である。[*6] 一方のハーンも、「雪女」のなかに、若く美しい実在の「母」への愛情を描き、子供を捨てる母親の悲しみを、その身勝手な冷酷さとともに、女神降臨の物語として語り直している。

そして第三の共通点として、これら二つの作品が、異類の女への圧倒的な同情と共感により、男性または男性が支配する世俗社会を批判的に描いている点である。もちろん、異類による批判的視点の導入というのは、異類婚姻譚のもつ共通の特徴であるが、この二作品における異類への肩入れは、伝統的民話とは次元を異にしている。

歌舞伎『雪女』執筆の経緯

わたしはこの三つの構造的な共通点からだけでも、ハーンから木下へ、そして「雪女」から

『夕鶴』への影響を想定することは可能だと思うのだが、それを実証的に裏付けるような資料や証言は、今のところないし、今後も見つけるのは難しいと思う。ただ、その主題を少し広げて、木下順二が戦後、民話劇の作家・再話作者としての名声を確立するなかで、ハーンの「雪女」をいかに意識していたかについては、具体的な証拠がある。

それは、木下順二が後に『夕鶴』と改題される「昔話夕鶴」を雑誌『婦人公論』に書き下ろしの脚本として発表してから五年後のことである。新築したばかりの木下順二の私宅に歌舞伎役者の六代目中村歌右衛門が突然訪ねてくるという出来事があった。以下、木下自身の回想から引用しておく。

ある夕方、それは私が金融公庫で小さな家をたてて住みこんでからいくらもたっていない頃だったが、ベルが鳴って、千谷《ちや》さんがおいでになりましたというから玄関に出てみると、千谷道雄が、持ち前のつやのある高っ調子のでかい声とはおよそ反対の押しころした小さな声で、実はちょっと、ぜひ、その、お寄りして実は、その、といっている向うの外に、青白い歌右衛門の顔が見えて、歌右衛門ははいってき、やっと私が本を並べたばかりであった二階の書斎へつつつとあがってきてぴたりとすわって、第一回蕾《つぼみ》会の予定をいろいろと私に語り、戯曲の進行状況を私に問うた。新築祝いにある人からもらった古風な洋燈型のスタンドが、ちょうどその時そこで青白く燃えているようだったというあり来りの表現が、しかし最もぴったりとあてはまっていたように今でも思う。しばらく話してすっと立ち上がってまたつつつと階段をおりて帰って行ったが、金融公庫の節だらけの板壁も何も、まったく眼にははいらず印象にも残らなかったろうと思われた。おもいつめた一念だけがそこにいたという感じで、誇張でも気取った表現としてでもなく、何かの精が今までそこにいたという感じが、歌右衛門のすわっていた座蒲団のところに、洋燈型の薄暗いスタンドのわきに、しばらくのあいだ立ちのぼっていた。*7

木下順二の驚きと喜び、そしてこの世ならぬ「精」である歌右衛門の情熱と気迫が静かに伝わってくる好エッセイだが、それではこのとき、歌右衛門がなにを迫っていたかというと、それは「雪女」を戯曲にしてほしいという依頼だったのである。

この話がどのようにはじまったかという事情は、木下順二は語っていないので、この時、歌右衛門の案内役をつとめていた千谷道雄の回想から引用しておこう。

「莟会《つぼみ》」というのは、中村歌右衛門が昭和三十年代のはじめ頃に主催した自主公演の名称である。〔略〕

この中で歌右衛門自身、女形芸の限界に向って身をもってテストを試みたということ、それからまた、戦後の歌舞伎界に残存していたいろいろな拘束を脱して、新しい歌舞伎の進路

を模索しようとしたこと、それらの点でこの公演が提起した意味はそれなりに大きかったといえよう。〔略〕

この公演のために書下されたのは、木下順二の「雪女」、三島由紀夫の「熊野」、北条秀司の「妄執」、そのほかがあった。

はじめ、歌右衛門は木下順二の「夕鶴」をやりたいといい出して、私は何度か依頼の足を運んだ。しまいには、歌右衛門と二人で本郷の木下邸まで出掛けたこともある。それが、結局だめで、その代わりに歌右衛門のために木下順二が新しく書き下そうという約束になった。[*8]

木下順二と千谷道雄の回想には少し食い違うところがあって、歌右衛門と二人して木下の自宅に押しかけ、せまったのが、『夕鶴』の上演許可なのか、その代案として出された「雪女」の執筆なのか、判然としないが、当初の依頼が『夕鶴』の上演許可で、それを木下がどうしても承知しなかったという点では一致している。木下はこう回想している。

最初はたぶん『夕鶴』をやりたいということで、私はそれを拒否した。これはその中のつうという役が歌右衛門に、あるいは同様にこの役を希望したほかの女形なり女優さんに適しているいないということとは別の、あるいはそれ以前のことであって、山本安英のつうを中

に置いて私たちはいろんな角度からまだいろいろに研究、実験を試みている段階なのだから
といったような、そういう理由からであった。[*9]

木下順二は『夕鶴』のつうの役を山本安英以外に許さなかった。すでにふれたように、『夕鶴』はもともと山本安英のために、そして山本安英との共同作業の中で書かれた作品で、その後の公演活動も「ぶどうの会」を中心にして、木下と山本安英は、常に一心同体の活動をしていた。中村歌右衛門が当代一の女形であっても、いや、当代一の人気俳優であったがゆえに、なおさら『夕鶴』の上演を許すわけにはいかなかったのである。

では、それがなぜ『雪女』の執筆になったのか、そもそも木下が書く約束をした『雪女』という芝居はどんな内容なのか。木下の回想である。

『雪女』という戯曲については私なりにいろいろと意見があって、またやりたいという話がその後も歌右衛門からあったけれども、そいつはそのうち、書きなおしてからのことにしましょうといつも私は答える結果になっている。だから逃げて、戯曲の内容には今たちいらないことにするが〔後略〕[*10]

別の箇所で木下順二自身が認めているように『雪女』は失敗作だった。[*11]それで、その後、この

作品は、単行本に採録されず、またいく度か出た木下の作品集にも収録されなかった。また、詳しい執筆の経緯や内容についても、右の引用のように、木下は「逃げて」、口をつぐんでいるので、そもそも木下が『雪女』という戯曲を書いていたという事実さえあまり知られていないのである。しかし、その執筆の経緯について、千谷道雄は、あっさりとこう認めている。

ラフカディオ・ハーンの「怪談」には、日本人の民話を外国人のプリズムを通して見たような面白味がある。それで「雪女」をやろうということになった。ほんとうをいうと、「苔会」というのは、この企画が実現したくて前あとを考えたところがあって、第一回の呼び物であった。＊12

木下順二の約束した『雪女』は、ハーンの「雪女」の戯曲化だった。そもそも、中村歌右衛門の「苔会」は、ラフカディオ・ハーン原作／木下順二脚本の『雪女』を上演するための研究会だったというのである。これはわたしにとって驚くべき情報で、つながらない、つながらない、と嘆いていたハーンと木下がここであっさりと、しかも両者の代表作が交錯する形でつながっていたのである。それにしても、木下は、自作の『雪女』をめぐる回想でなぜハーンの名前を出さなかったのだろうか。

「雪女」という外題は、歌舞伎や浄瑠璃に何度かつかわれていて、それはハーンの「雪女」とはちがい、雪の中で死んだ女の怨霊を指す場合が多く、それで歌舞伎の方面で「雪女」というタイトルがあれば、まずその文脈で理解するのが通例である。木下の書き方には、誤解を招くというか、なにか隠蔽の気配さえ感じられる。

それでは「雪女」をやりましょうといった三人の合意のなかには、しかし、古い歌舞伎の「雪女」のことなどなかったのである。そして『夕鶴』の上演がだめなら、ハーンの「雪女」の脚本を書いてくれと頼んだ中村歌右衛門と千谷道雄側の頭のなかには、『夕鶴』と「雪女」が似ている、とりわけ「日本人の民話を外国人のプリズムを通して見たような面白味」がある点でよく似ていて、木下順二がハーンの「雪女」を芝居にしてくれれば、『夕鶴』のように伝統的でありながら革新的な、日本的でありながら西洋的な、すばらしい傑作ができるにちがいないという目論見があったのである。ラフカディオ・ハーンの「民話」における革新と、木下順二の「民話劇」における革新が、中村歌右衛門の「歌舞伎」革新にかける情熱の中でつながり、『雪女』上演を実現させたのである。

このころ、民話をネタにその脚色や再話に腕をふるいながら、ハーンの名前を一切口にしなかった木下順二なのだから、こんな依頼は断ってもよさそうなものだが、しかし、それを許さない情熱が歌右衛門にあったのである。木下が『雪女』について忘れがたい思い出として語っているのは、つうがだめなら、お雪でもいいので、なにがなんでも、木下順二の書く、革新的で西洋的な「異類の女」を演じてみたいという、歌右衛門の異常なまでの執念である。

だから逃げて、戯曲の内容には今たち入らないことにするが、それよりもこの作品につい て忘れることのできないのは、これを結局書かされてしまった経緯、そこにくるまでの歌右衛門の、いってみれば執念とでも形容したくなる押して来かた、といっては失礼になるのかどうかよくわからないが、ともかくそういうものについての記憶である。
具体的には千谷道雄が何度も私をつかまえては話し、何度も私を楽屋へひっぱって行っては歌右衛門と話しこませるというふうだったが、その頃からだんだんとふとりだしてきつつあった大きな体格の千谷道雄は、明らかになよなよとした歌右衛門に、やや大げさにいえばふらふらにゆすぶられており、決して体格の小さくないわたしもまた、そのあおりをくってゆらゆらとしておった。[*13]

しかし、その執筆は難航した。千谷の回想である。

しかしなかなかに筆が進まず、掲載を予定していた「婦人公論」と相乗りで、麴町の旅館に一週間ほど缶詰めにしたりして、ようやく蓋をあける直前に仕上がったけれども、二日間の公演のためには準備不足で、あちこちと混乱が残り失敗に終った。しかし、あの作にはさすがに非凡な響きがあって、もう一度誰かの手を通して洗い上げることが出来たらなどと今でも思い出すことがある。

松緑が相手役で、今は亡き名脇役者たちが回りを固めていた。団伊玖磨の音楽も新鮮で、雪が去って春が来る辺りの抒情味は無類だった。[*14]

こうして昭和二十九（一九五四）年三月二十七日と二十八日の二日間、木下順二作『雪女』は、三十七歳の歌右衛門により歌舞伎座で上演された。『六世中村歌右衛門』に付された上演年表には、「多年の懸案であった莟会の第一回公演を歌舞伎座で実現した。海老蔵、幸四郎、松緑、羽左衛門、福助等に参加出演をわづらはし、絶賛を博した。」とあるように、公演そのものは大成功であったようである。[*15]

三島由紀夫が編集した、この豪華な写真集には、当日の舞台の様子が、一六葉の写真におさめられている。[*16] 雪女を演じる歌右衛門の妖艶な姿も、伊藤熹朔《きさく》の手になる簡素で象徴的な舞台装置も、それぞれが美しく、ここに団伊玖磨の音楽が流れたら、なるほど「無類」の「抒情味」があったろうと想像されるのだが、脚本そのものは、木下順二も千谷道雄も等しく認めるように失敗だった。

『雪女―歌舞伎俳優のために―』のあらすじ

『婦人公論』に掲載された『雪女―歌舞伎俳優のために―』は、三つの場面からなる戯曲である。[*17]第一の場面は、山奥の炭焼き小屋からはじまる。季節は早春だが、まだ深い雪が残っている。小屋には、中年を過ぎた炭焼きの「たる」と十四、五歳の息子「なる」、商人の「きんとうだ」がいる。「きんとうだ」はこの辺り一帯の炭を買いしめたいので「なる」と「たる」に白飯を食わせたり、銅銭を見せびらかしたりする。「たる」は銅銭に目がくらみ「きんとうだ」を絞め殺す。激しい吹雪となって、小屋の灯りが消え、白い女があらわれ、「たる」の体におおいかぶさる。女はずっと「たる」のことが好きで、近くにくる機会をうかがっていた。「しかし、今、おまえを殺さなくてはいけない。人を殺した人に会ったら、わたしは、その人を殺さなくてはならないからだ」。そう言って、白い息を「たる」の顔に吐きかける。

息子の「なる」が目を覚ます。女は「なる」の上におおいかぶさり、息を吹きかけようとするが、「なる」の顔に見とれる。

「美しい子。……おまえのお父さんの若い時にそっくり。……おまえの名は何？　え？　いってごらん」

「なる？　そう、たるの子のなる。美しい子。わたしはおまえが好き。だから、おまえにはあれ

おまえは
と同じことはしない。ね？　あれと同じことは、おまえにはわたしはできない。なる。おまえはほんとに、お父さんの若い時とそっくり」

女はいう。昔からおまえの父親が好きで、冬になると、会いにきていた。おまえの母親と結婚してからも、おまえの母親が死んでからも、会いにきていた。しかし、おまえの父親は、だんだんと悪い人になってしまった。里の人のまねをして、わたしと言葉が通じなくなってしまった。そしてわたしのことを忘れてしまった。でも、わたしはおまえが好きだからまた会いに来よう。「なる」は春にはもう来られないという女に、それではいやだと、だだをこねる。女は、しかし、それは自然の掟を破ることなので、きっと罰を受けて、声をとりあげられてしまうと断る。しかし、思い直し、罰を受けてもいいから、おまえのところに来ようと約束する。しかし、人を殺してはいけない、人を殺した人に会うと、わたしはその人を殺さなくていけないから、といって姿を消す。女が消えてから「なる」は父親の「たる」が死んでいることに気づく。

第二の場面は、それから十数年後、ある村の祭りの夜。「なる」は三十歳の「かなまる」となって、女房の「ゆき」と赤ん坊と三人で暮らしている。炭焼きではなく、あちこちから炭や絹を仕入れて市で売りさばく商いの仕事をしている。

村の農夫の「もさく」が、「かなまる」を百姓たちの「むほん」の一味に引き入れようと説得している。「かなまる」は村を出て行こうとするが、「ゆき」は旅の暮らしはいやだと反対する。貧乏でもいいので、自分の田畑をもち百姓の暮らしがしたいという。「かなまる」はいうことを聞かない「ゆき」をしばる。そして、百姓たちを扇動して地頭の家を襲わせ、そのあとで百姓たちの芋やむしろ、さし糸、なま栗、すべてかっさらって市で売りさばくのだという悪だくみを告げる。

「かなまる」が扇動していると、しばられた「ゆき」が家から飛び出してきて、それをとめる。百姓達は怒り、「かなまる」を打ちのめす。百姓たちが去り、二人は仲直りをする。

「ゆき」は「かなまる」が流れ者の炭焼きであったことを知る。「かなまる」も「ゆき」の素性をたずねるが、「ゆき」は「罰」への恐怖で思い出せない。しかし「かなまる」にも「ゆき」にも、以前別の場所で相手に会った記憶がある。村の騒動に気づき、「かなまる」は出発を決意する。「ゆき」は山の中の炭焼き小屋にいくかとたずねる。「かなまる」は雪の降る夜のことを思い出す。

第三の場面は、それからまた十数年後、早春の山の中。「かなまる」は中年を過ぎている。赤ん坊は十四、五歳の息子「うりまる」に成長している。それに中年を過ぎた商人「きんとうじ」。一行は、行商の道に迷い、「ゆき」に誘われるままに、山奥に入ってしまったのである。行きくれて炭焼き小屋の跡で泊まることにする。「きんとうじ」は小判を出して数を勘定している。「かなまる」はこの光景に見覚えがあるといい、そのとき「雪女」の夢を見ていたという。「きんとうじ」は子供のころ、父親の「きんとうだ」が山奥で姿を消してしまったことを語る。「かなまる」は「きんとうじ」の首をしめて殺す。

突然の吹雪のなか「ゆき」が戻ってくる。やっとほんとうの「かなまる」に会えたと抱き合う。灯りが消え、雪女が現れ、人を殺した男は殺さなくてならないと「かなまる」に息を吹きかけようとするが、そのとき、「うりまる」がもどってくる。「雪女」は「うりまる」にこう告げる。「かなまる」が自然の世界に戻ってきたので、またこうして会えるようになった、でも、あの人は人を殺したので殺さなければならない。しかし、わたしにはできない。もうじき春になるので、わたしは消えていく。冬になったら、またくるが、わたしと話せるようにしていなくてはいけない。そして「うりまる」に「かなまる」を大切にするようにと命じて、姿を消す。

「かなまる」は意識をとりもどし、「うりまる」といっしょに小屋をでる。あたりはすっかり春の景色。あちこちの炭焼きのけむりに「うりまる」が、おおいと呼びかけると、朝の光の中、やまびこが返ってくる。

原拠と失敗原因

さて、以上とりあえず要約してみたが、物語に枝葉が多く、全体の主題も展開もつかみにくい作品で、こうしてあらすじをまとめみても、その創造性に驚く場面もあるのだが、同時に首をひねる場面も多い。

ハーンの「雪女」がもとになっているのは確かなのだが、変更点も多く、なにか別の伝承も取り入れているのかという気もする。しかし、「雪女」の物語の本体についていえば、ハーン以外の別の民話を参照した可能性はないだろうというのがわたしの考えである。ひとつ気になるのは、ハーンの原作では、同じ村の木こりのモサクとミノキチであったのが、木下順二の『雪女』では、炭焼きの親子と変えられている点だが、これは後に流布する民話版の「雪女」からの影響ではなく、木下が物語の都合上、自分の考えで変更したのだろうと考えられる。

ハーンの「雪女」が日本語への翻訳を経由して地方で伝説化するのは、おおむね、以下の順序と出版物によっている。

一　小泉八雲著・高濱長江訳『怪談』、すみや書店、一九一〇（明治四十三）年
二　青木純二『山の伝説　日本アルプス篇』、丁未出版、一九三〇（昭和五）年
三　巌谷小波編『大語園　第七巻』、平凡社、一九三五（昭和十）年
四　小柴直矩『越中伝説集』、富山郷土研究会、一九三七（昭和十二）年
五　村沢武夫『信濃の伝説』、山村書院、一九四一（昭和十六）年

ハーンの「雪女」が、白馬岳の「雪女」伝説として書き換えられるのは、二の青木純二『山の伝説』からで、ここで初めて、ミノキチ、モサクは猟師の親子とされて、三から五へと、ほぼそのままの形で引き写されていく。ただし、三の『大語園』をのぞき、どれもあまり目立たない出

版物で、また、内容的にも短くて、芝居の原作には使えそうにない。木下がわざわざハーンではなく、これら貧弱な地方の伝承のほうに依拠する理由は見当たらないのである。

白馬岳の「雪女」が本格的に地方の「口承」民話として流布するのは、歌舞伎『雪女』上演の三年後、一九五七（昭和三十二）年に松谷みよ子が未來社から『信濃の民話』を刊行して以降のことである。松谷は、木下順二が主催する「民話の会」にも席をおいていた若い童話作家であるが、この信濃の民話集に、村沢武夫の『信濃の伝説』に依拠しながら、ハーンの「雪女」を再話し、木下譲りの人工的な方言なども用いて、北安曇の民話として発表した。したがって、木下が松谷の「雪女」や、その後、おびただしい数で各地に流布していく民話「雪女」を参照できた可能性はないのである。

設定も物語も大幅に改変しているが、木下順二は、ハーンの「雪女」を実に丁寧に読み込み、その重要な場面や要素を自作に移植していている。とりわけ、「雪女」が「たる」を殺し、「なる」の美しさに見とれ、許しを与える場面、そして最後に「うりまる」に「なる」を大切にしていたわってやれと命令し、消え去る場面などには、ハーンのオリジナリティが活かされている。にもかかわらず、木下順二の「雪女」が失敗におわった原因は、全体の構成と主題に、さまざまな思想をつめこみすぎ、そこに混乱が生じたせいだと思われる。木下順二の「雪女」について、わたしたちを当惑させる一番の問題は、この作品における「雪女」がもつ、あまりにも混乱した性格と属性である。要するに「雪女」が雪女である必然性がない、「雪女」が雪女に見えないという問題である。

木下順二の「雪女」は一見、冬と結びつき、人間の男に恋して、人間世界にやってくる存在で、人に白い息を吹きかけ殺すという点に注目すれば、ハーンの「雪女」を忠実に踏襲しているように思える。しかし、ハーンの「雪女」は、自分の棲む世界の境界を犯した人間を殺し、その境界を一回限り越えて人間世界にやってくる。それは神と人との境界であるから、その越境が死にかかわる禁忌となるのは当然である。しかし、木下の「雪女」は、人が人を殺してはならないという人間的で社会的な道徳と掟から人を殺す。このことが木下の「雪女」の性格をわかりにくいものにしている。しかも、冬になると、まるで狐か狸のように人家のそばをうろつき、すきをみては惚れた男に近づこうとする。

ハーンの「雪女」は、若いミノキチの美貌にほれ、その妻となって十人の子供を産むのだが、おそらくはミノキチの女房になりたいというよりは、ミノキチのようなかわいい子供を産みたいという母性が勝っていたように思える。だからミノキチがしゃべるなという禁を破ったとき、ミノキチを殺さずに、十人の半神の子供たちの保育を命じて、悲鳴をあげながら山に戻っていくのである。

木下順二の「雪女」は母性に乏しく、性愛においてハーンの「雪女」に勝っている。なにしろ、父親を殺したその場で、父親の死体のすぐ横で、息子の「かなまる」の美貌にみとれ誘惑しているのである。また、最後でも、「かなまる」が人を殺し、掟によれば「かなまる」を殺さなくてはならないのに、ついに殺せずに、自分の子供である「うりまる」に、「うりまる、その人をかわいがってあげてね。大事にしてあげてね」と夫の愛護を頼み、姿を消している。これはハーンと木下の「雪女」の根本的な違いで興味深いのだが、一方、そんな自己選択が許されるのなら、「かなまる」の父をあっさりと「ひと息」で殺してしまったのはなぜなのか、また、その殺人と、自身が説く「人を殺すな」という教えは矛盾してはいないかと、歌舞伎の物語は理屈ではないとわかっていながら、やはり気になるのである。

しかも、この「雪女」には「かなまる」への愛が一番大切だった、とも言い切れない。この最後の場面にはまだ続きがあって、息子の「うりまる」に、自分がまたここに来るにしても、自分と話ができなくてはだめだと――これは『夕鶴』でも繰り返されるモチーフだが――金銭欲に目がくらみ、自分と意思の疎通ができなくなってはいけないと、貨幣・市場経済による道徳的腐敗から身を守るようにと警告しているのである。

「雪女」の別れの言葉はまだ終わらない。最後に「わたしたちが住んでいたあの村、あの村のお百姓たち、どうしている?」と第二の場面に登場した貧しい農民たちのことを思い出し、突然、二人称での呼びかけがはじまる。「苦しい苦しい暮らしの中で、あなたがたはきょうも命をかけてたたかっているのね。あなたがたのみのりが少しでも多いように、次の冬、その次の冬、またその次の冬、わたしは深い深い雪で、いつもあなたがたの小さな畑をおおってあげようね。さようなら。さようなら。みんなさようなら」と、「かなまる」も「うりまる」も飛び越えて、「あなたがた」農民への、突然の母性神・豊穣神的な祝福の言葉で姿を消す。この「雪女」とはいったい何者なのだろうか？

人を殺した者は殺すという峻厳な掟、しかし、愛する男は見逃すという気ままさ、自分の子供に愛人の介護を頼む母性の乏しさ、炭焼を愛し、仲買人を嫌う、潔癖症的な「金銭」憎悪、それなのに長年、男と連れだって行商生活を営む矛盾。そして、最後に溢れでてくる下層農民への保護者的愛。ここにあるのは、作者のむき出しの好悪の羅列で、ひとつの個性で物語を統合する芝居の主人公の姿ではない。要するに、『夕鶴』においては、奇跡のように融合していた社会主義と民話的物語が、ここでは無残に分裂し、崩壊しているのである。

茖会での演出を担当した岡倉士朗は、それでも「『雪女』を今読み返してみて、今更のようにこの作品がすぐれた戯曲であることを知った」といい、「歌舞伎の女形に煮詰つめられた日本の女の執念とヨーロッパ的な思考とが闘いつつ交じり合いつつ渻然とひとつにとけてしまったようななにものか」があると賞賛している。[*18] しかし、この言葉を額面通り受け止める人は当時も今もいないだろう。

「あちこちと混乱が残り失敗」という千谷道雄の評価が適切で、それに続く「しかし、あの作にはさすがに非凡な響きがあって、もう一度誰かの手を通して洗い上げることが出来たらなどと今でも思い出すことがある」という限定的な賞賛にも根拠がある。ただし、この作品のどこにどう手を入れればうまく整理できるのか、その答えは容易には見つからないだろうと思う。それでも、この芝居のひとつひとつの場面や出来事には、心打たれる部分や優れた叙情、叙景が数多くある。また全体の構造にも、たしかに「非凡」というか、ある種の独創性が見える。とりわけ、二つの場面で二世代にわたり繰り返される恋と殺人の物語は、ハーンの原作にはない、また、ほかの雪女伝説にも例のない、作者独自の工夫である。これはおそらく、ひとつには歌舞伎らしい怪談の雰囲気をだすための設定で、歌舞伎通なら、もっと具体的なモデルなり類似を指摘できるのだろうが、しかし、この繰り返される因果応報の殺人が、それでは歌舞伎らしい因果応報を物語る以外に、どんな意味をもつのか、どのような効果をあげているのかと問われると、わたしにはその答えがなかなか見つからない。

木下順二の『雪女』の基本的デザインは、ハーンの「雪女」のロマンティシズムを残しながら、そこに歌舞伎風の因果応報物語を展開し、さらに社会主義、あるいはトルストイの民話のような農本主義思想を盛り込むといったあたりにあるのだろうと思う。しかし残念ながら、この三つの要素は、統合されないまま、場面場面でばらばらに自己主張してしまい、それが歌舞伎『雪女』の命取りになってしまったのである。

その当時二十九歳の三島由紀夫は、木下順二と同じく、中村歌右衛門の取り巻きの一人で、莟会とも深く関わり、後にこの会に、歌舞伎の（能楽ではない）『熊野』の脚本を提供している。戦中・戦後、一貫してハーンを深く敬愛していた三島が、木下の『雪女』を見たならば、どのような感想をもち、どう評価したか、これはわたし個人の興味としても、ぜひ知りたいと思うのだが、これはまだ、調べられずにいる。

先師、同志そしてライバルとして

上演後の反応がどのようなものであったにせよ、結局、木下順二は、千谷道雄や中村歌右衛門からいくらすすめられても、この作品にもう一度手を入れようとはしなかった。『婦人公論』に掲載したきり、単行本にも作品集にも収録せず、そのまま静かに忘れ去られることを望んだようである。このやり方は、ハーンとのつながりにおいても、その影響をなるべく見えにくくしようとする操作に似ていて、わたしにはとても興味深い。

木下順二は、この作品を二度と表舞台に出さなかったばかりか、後に茗会の回想などでこの作品の上演に触れることがあっても、ハーンの名前を出すことはなかった。それは木下の周辺にいた関係者にしても同様で、茗会で「雪女」の演出にあたった岡倉士朗もまた、この作品がハーンの「雪女」に依拠したものであることには触れなかった。

木下順二がその少年・青年時代においてハーンと濃厚な接触があったにもかかわらず、民話の再話や劇化の活動において、ハーンの名前を出さなかった背後には、こんな出来事もあったのである。木下のハーンへの関心は、彼の左傾化とともに、ぴたりと消えてしまったわけではなかった。それどころか、「民話」の近代化と再生の試みにおいて、二人はあきらかに師弟・同志と呼べるような関係にあった。しかし、その唯一ともいえる創作上の接点であった「雪女」の歌舞伎化に見えてくるのは、木下のハーンへの強烈な対抗意識であった。しかし、そうした批判と対抗意識において、ハーンと木下順二は明白につながっていた、というのがわたしの考えである。

第五章　註釈

1 『夕鶴』の出版経緯と未來社の関係については以下の文献が詳しい。
・『ある軌跡：未來社15年の記録』、未來社、一九六七年。
・松本昌次、鷲尾賢也、上野明雄「読書空間〈生涯現役編集者〉松本昌次が語る　わたしの戦後出版史―その側面（一一）木下順二と山本安英の奇跡的な出会い」、『論座』、二〇〇七年二月号、三二九―三八頁。

2 木下順二「小泉八雲先生と五高」（註Ⅱ-15）／平川祐弘編『小泉八雲事典』（註Ⅱ-14）。

3 木下順二と丸山学の関係については、木下順二「解説　小泉八雲と丸山学先生」、丸山学『小泉八雲新考』、講談社学術文庫、一九九六年、二一七―二五頁に詳しい。

4 その「口調」の例を自伝「本郷」から引いておく。なお、引用文中の太字は引用者による。「四年生から五年生にかけて私は、小泉八雲の熊本時代——一八九一年から九四年まで、明治二十四年から二十七年まで、つまり漱石が五高に着任するのの二年前まで、八雲は五高に在任し、私の父は彼に教わっている——の**事跡調**べに熱中していたと思う。」(『木下順二集　一二』、一三八頁)「中学では五年のとき、長文の「ラフカディオ・ハーン研究」なるものを校友会誌に発表し、五高二年の秋には「小泉八雲先生と五高」なる**調査報告**を、土地の新聞に十回連載したりしていた。」(同、一四五頁)

5 さらに、この「小泉八雲先生と五高」そのものも、木下順二の最後の、もっとも網羅的な著作集『木下順二集』(全十六巻、岩波書店、一九八八—九年)には収録されなかったのである。

6 遠田勝「外国人が語る日本の怪—小泉八雲『怪談』の世界—」、懐徳堂春季講座「日本の「怪」を語る」、二〇一九年六月二十八日、大阪大学中之島センター。

7 木下順二と山本安枝の関係については「サルトルとボーボワール」のようなものという認識が関係者のあいだには定着していたようである。『木下順二集　一』、月報四、七頁。

8 『木下順二集　一六』、九三—四頁。

9 千谷道雄「莟会のこと(思い出の名舞台)」、『テアトロ』、一九八五年九月号、九四頁。

10 『木下順二集　一六』、九三頁。

11 同、九二頁。

12 同、三〇三頁。

13 千谷道雄「莟会のこと」。

14 『木下順二集　一六』、九二—三頁。

15 千谷道雄「莟会のこと」。

15 三島由紀夫編『六世中村歌右衛門』、講談社、一九五九年、二四三頁。
16 同、二三九―二四一頁。
17 木下順二「雪女―歌舞伎俳優のために―」、『婦人公論』、三九（四）、一九五四年、六七―八九頁。
18 岡倉士朗「莟会」、『六世中村歌右衛門』、二二四、二二六頁。

六　辺見じゅんの「富山十六人谷伝説」

――語りの変革と伝統の創出

「人に息を吹きかけ殺す」モチーフと「雪女」

ハーンの怪談「雪女」の冒頭、年老いた木こりの茂作は、吹雪にあって逃げこんだ渡し守の小屋のなかで、雪女に息を吹きかけられ、命を失くしている。この「人に息を吹きかけ殺す」というモチーフが、日本の民話のなかでいかに用いられているか、その系譜について民俗学の方面に面白い論考があることを最近教えられた。それは大島廣志の『雪おんな』伝承論[*1]という論文で、このなかで大島は、ハーンの「雪女」に用いられている「人に息を吹きかけ殺す」モチーフについては、黒部峡谷《くろべきょうこく》に伝わる十六人谷の伝説などとも共通する、日本古来の民話のモチーフと考えてもよいのではないかと主張している。こうしたモチーフならば、日本にも「山で仕事をする人々、特に木こりたちの間で語られていた」として、日本に伝わる三つの民話、つまり、富山県下新川《しもにいかわ》郡宇奈月町の十六人谷の伝説、秋田県平鹿《ひらか》郡山内《さんない》村黒沢の伝説、そして東京都西多摩郡檜原《ひのはら》村で語られた昔話を紹介している。

これら三つの例から、大島は「「息を吹きかけて人を殺す」モチーフは、「雪おんな」以前にこの国に存在していたモチーフなのだから、木こりなど山仕事をする人々の間で伝えられてきたこのモチーフと、雪中に現われる雪女の話が合わさって「原雪女」が成立し、それを世間を渡り歩く宗八が聞き、ハーンに提供したとも考えられるのである」[*2]と推論するのである。

ハーン以前に「原雪女」があって、それを調布の百姓がハーンに語り聞かせたのであろうという推定は、ハーン研究者のなかにも見られる説だが、この本の初めで指摘したように、「雪女」の物語の骨格は、ほとんどがハーンの創作であって、『怪談』の序文で、ハーンがわざわざそれを「調布の百姓」から聞いたものであると断ったのは、当時のハーンが、欧米では日本の紹介者・研究者と見られていて、これが創作であるとはあからさまには書けなかったからだろうと考えられる。また、それとは別に、ハーンがこの物語のなかに、あまりにも強い個人的な感情、とりわけ、母親への複雑な思いを込めてしまったので、それを隠蔽したかったためなのではないかという推定も書いておいた。

わたしは、調布の百姓の語ったという物語については、もう知りようがないと諦めているので、これら仮説の当否についてここで論じるつもりはない。しかし大島が紹介してくれた三つの物語の面白さにつられて、類話を調べるうちに、ひとつの興味深い事実を発見した。それはまた「民話」の伝承における語り手の芸術的創造性を、民俗学との関係において、どのように考えるべきかということの本の主題とも強くかかわるので、ここで少し詳しく論じてみたい。その興味深い事実とは、この「人に息を吹きかけ殺す」モチーフが用いられた民話の一部、とくに、富山の十六人谷伝説は、近代のさまざまなメディアに再話・収録されるなかで、ある時点から確実にハーンの「雪女」の影響下にあったということである。

「まんが日本昔ばなし」の「十六人谷伝説」

わたしはまず手始めに、黒部の十六人谷伝説が、現在、一般にどの程度流布しているのか知りたいと思い、ネットで検索してみた。すると意外にも上位にヒットしたのは、民話や民俗学のサイトではなくて、「まんが日本昔話」に関連するサイトだった。[*3]

「まんが日本昔ばなし」は、一九七〇年代半ばから一九九〇年代の半ばまで、ほぼ二十年にわたり、TBS系列で放送されたテレビのアニメ番組である。なるほど、現代の民話や伝説についての知識やイメージの大方は、書物ではなくて、こうしたテレビ番組におうているのかと、あらためて驚かされた。しかも、そうしたサイトで、なぜ、この十六人谷伝説が話題になっているのかというと、この伝説が、子供の頃に見た「まんが日本昔ばなし」のなかで、もっともこわい話で、今でもその恐ろしさが忘れられないというのである。

しかし、わたしの知っている、十六人谷伝説は、森の禁忌を犯し、木を切った十六人の木こりたちが、その祟りで命を奪われるという話で、とくに珍しくも恐ろしくもない、風変わりな地名の由来話にすぎない。たとえば、今ここに、十六人谷伝説の最古の形と思われる物語を、富山藩士野崎雅明が文化十二年(一八一五)頃に書き著した『肯搆泉達録《こうこうせんたつ》』の「黒部山中の事」から引いておくが、これを読んで、とくにこわいと思う人はいないのではないか。

「黒部山中の事」（『肯構泉達録』より）

また或る時、杣《そま》〔木こり〕多く山中に入り、幽谷の樹を伐らんと、そのあたりに小屋を造り宿しけるが、夢に異形《いぎよう》のもの来り、「この谷の樹を伐る事なかれ」といふ。夢見し杣、醒めて皆に語りけれども、取りあげ用ゆる者なく、遂に斧を入れ、谷を伐り尽くしける。その夜、杣皆よく寝入りける時、例の異形のもの、また来り、寝入りし杣をひとりひとりに口を皇《か》ぐとみえしが、残らず死したり。夢見し杣は木を伐らざりしゆゑ、殺さざりしとみゆ。潜《ひそ》かに見居けるが、そのおそろしさいはんかたなく、これより杣を止めたるとなり。かやうのこともしばしばありときけり。[*4]

ただし、これは十六人谷伝説の原型ではないかと推定される最古の記録で、その後、口碑として流布し、文字にも書き留められた物語は、これとはだいぶ異なる印象を与える。今わたしの手元にある類話のなかで、出版年がもっとも古いものは、一九三〇年刊行の青木純二の『山の伝説』に載る「十六人谷」である。

青木純二「十六人谷」（黒部峡谷）

黒部の大峡谷には、まだ、人跡未踏のところが多い。

昔、峡谷の黒薙《くろなぎ》川の谷に二本の大柳が並んで生へて居た、付近の人々は夫婦柳と呼んで居た。

秋近くのある日、宇奈月近くの音沢村の杣が十六人入つて、鋸で一本の柳を伐つた。すると十六人が急に気分が悪くなつたので、近くの山小屋に急いで引返した。

その夜更けである。外の怪しい音がするので小屋番が目をさまして見ると、いつの間にか、夜目にも美しい女が、にたりにたりと凄い笑を浮べながら小屋の中に這入つて来た。そして寝てゐる十六人の杣の上を一つ一つ跨いでゆく。

小屋番は怖ろしさに生きた心地もなく、ガタガタとふるへてゐたが女は彼には目もくれず杣たちを跨いでしまふと、そのまま闇の中に姿を消してしまつた。

番人がほつとして振りかへつた時に思はず悲鳴をあげた、意外、十六人の杣は口から血を吐いて枕を並べて死んで居た。

伐られた柳の精の祟りである。それから、この谷を十六人谷と呼ぶやうになつた。その柳の切株は今も残つて居る。[*5]

著者の青木純二は、元朝日新聞の地方記者で、第一章で指摘したように、ハーンの「雪女」を白馬岳の伝説のように偽装して、日本の民話として流布させてしまった「犯人」なので、青木がどのような資料あるいは口碑をもとにこの話を書いたかについては、かなり疑ってみる必要があるだろう。青木がこれをなんらかの取材をもとに忠実に語っているか、野崎雅明などの古記録をもとに大幅に潤色したのか、わたしには今それを判断するだけの資料がないのだけれども、とにかく野崎の『肯搆泉達録』と青木の『山の伝説』のあいだには大きな隔たりがある。夫婦柳の導入などは、ハーンの「青柳物語」を利用しているのかもしれないが、これは民話・伝説ではありふれた題材であるので、今のところは考証をひかえておく。わたしがもっとも気になるのは、野崎の『肯搆泉達録』では「異形のもの」とされていたものが、青木の本では「夜目にも美しい女」に変わっていることである。野崎と青木の伝承のあいだになんらかの媒介というか、中間形がなかったと仮定すると、青木はここでもまたハーンの「雪女」を利用した可能性がある。これはただの臆測にすぎないが、もしそうであれば、「十六人谷」伝説は、近代のメディアに初めて登場した段階で、すでにハーンの「雪女」の影響を受けていたことになる。

夫婦柳の一方を伐った祟りというのが、青木の物語の眼目であるが、それならなぜ、女がにたりにたりと笑っているのか、それがまたなぜ夜目にも美しい女でなければならないのか、そして杣の顔をまたぐという動作にも、口から血を吐くという杣の死に様にも、青木特有の近代の扇情主義が感じられる。それに対し、野崎の物語はさすがに古風で、この谷の樹を伐る事なかれという簡潔なお告げにせよ、異形のものが杣の口を嗅ぐという所作にも、あるいはその死に様の直接的な描写の欠如にも、神あるいは怪異への畏怖が感じられ、なるほど、これは近代以前の物語だと納得させられる。さらにいえば、『肯搆泉達録』には、柳という樹木の種類の限定も、十六人という杣の人数も、十六人谷という地名への言及もない。

いずれにせよ、青木以降の十六人谷伝説において、異形のものは女の姿をとる。

『山への味到』と『ある山男の話』

一九四三年に出版された冠松次郎の『山への味到』では、「自分で聴いた二、三のもの」と前置きしているので、この頃には登山者に地元の人が語るくらいに口碑化していたらしい。冠は「黒部の父」と呼ばれる著名な登山家・紀行文作家であるので、青木の『山の伝説』も読んでいただろう。物語は青木とほぼ同じであるが、伐られるのは楊《やなぎ》の老木で、年寄りの杣は、老木の楊には精が宿っているので伐るのはよくないと反対するが、若い杣はそれを聴かず、伐ってしまう。その晩、小屋に「朦朧とした女人らしい人影が現れて」「杣達の上を一人一人覗くやうにして通って」いくが、夜が明けると、十五人の杣は「残らず苦しさうな顔をして死んでゐた」。[6] 明らかに青木の話と同系統ではあるが、青木よりはだいぶ扇情的表現が抑制されている。

さて、ここまで見てきても、十六人谷の伝説は、とりたててこわい話ではないが、ここから少し様子がかわる。

次に紹介するのは、一九六六年に私家版として刊行された『ある山男の話』[7]に載る話であるが、著者の長津蔦尾は富山県下新川郡朝日町生まれの中学教師で、これは地元の羽入《はにゅう》部落で伝わる話だと前置きしている。この話もまた、十六人谷のこととされ、十六人の若者と飯炊きの老人が小屋がけで仕事をしているが、杣とは明言されておらず、なにやら土木工事のようにも思える。ある晩、若者らがすっかり寝入った十時頃、ようやく仕事をおえて布団にはいった老人の目の前に、「年の頃なら二十歳前後、得も知れぬきれいな着物とゾーとするような艶麗な顔」の女が現れる。「女は安らかに寝息を立てる若者に近づき婉然と笑う。やおら足を折り、口元に笑いを残しながら、何か口中でつぶやき乍《なが》ら顔をなでる。同じ仕ぐさが十六人に及び、小屋の入口でニタリと笑い、入口のカケムシロをバタつかせて、何処となく姿をけした」。震えながら朝を迎えた老人が、一番近くの若者の顔をのぞきこむと、「ダラシなく大きく口をあげヨダレをたらし、更に舌がなく、すでに冷たく、ゆすっても、たたいても返事がない」。十六人の若者はすべて舌を抜かれ死んでいた。

ここで十六人谷伝説にはじめて舌を抜くという猟奇的な殺人方法が登場する。羽入部落の十六人谷伝説は、ここで終わらず、この先が話の聞き所である化け物退治になるのだが、これについては論旨からずれるので、話を簡単に紹介するだけにしよう。

老人はあわてて羽入の部落に逃げ戻り、事の顚末をつげると、勇敢な二人の兄弟猟師が、化け物退治を引き受ける。なにやかやの大捕物のすえ、仕留められたのは、見たこともない大きなヤエンコ（山猿）で、兄弟は、その皮をはぎ、村に持ち帰って見世物にする。

話の山場が樹霊あるいは山の神の祟りから化け物退治に変わってしまっているので、あれこれ考えても仕方がないのだけれども、飯炊きの老人以外、見ている人もないのに、なぜ野猿が美しい着物姿の年の頃なら二十前後の艶麗な女に化ける必要があるのか、説明のつかないことが多い。元の語り口をみれば明らかなのだが、これはもう、怪談というよりは、聞き手を喜ばすことだけを考えた純粋なエンターテインメントなのである。この類まれな美女が若者の舌を抜いて殺すという場面が、紆余曲折の末、アニメの十六人谷伝説に採用され、多くの子供たちの心に忘れがたい印象を残したのである。

「十二組の坂」（富山県宮崎村）

それにしても、なぜ十六谷伝説は、深山幽谷の神あるいは樹霊の祟りから、舌を抜く化け物の話になってしまったのだろうか。同じ富山県の下新川郡宮崎村に伝わる「十二組の坂」という話をみると、その間の事情が少しわかる。それはこんな話である。

昔、村のはずれに十三人の炭焼衆が寝泊まりする山小屋があった。そこにある日、器量のいい若い娘が道に迷って一夜の宿を乞う。十三人のうち、ただ一人の老人は不吉だと反対するが、十二人の若い衆は喜んで迎え入れてしまう。みなが寝静まったころ、怪しい気配に目覚めた老人は、恐ろしい光景を見る。

女は一人の男のそばに坐り、附近の様子に気を配りながら、自分の手を男の顔の上へ持っていって、唸り声一つ出させずに、男の口の中から舌をむしりとっている。そして、とった舌を二・三度軽く振りながら、冷ややかなそして嬉しそうな笑みを顔一ぱいにたたえて、いかにもうまそうに舌をくい始める。喰い終るともう一度あたりに目を配り、にたりと笑をうかべながら次の男へと移って、同じ事をくりかえす。[*8]

あまりの怖ろしさになりゆきをみていた老人は、十二人の若い衆すべての舌を喰い終えた女が自分に近づくや、無我夢中で女にとびかかり、女を小屋の隅に追いつめると、女は突然、大きな鳥の姿になって飛び去ってしまった。その後、この山小屋のあった坂道を「十二組の坂」というようになった。その若い女というのは、ひねた雉の化身であったと伝えられている。

　こうして富山県に伝わる十六人谷の伝説とその周辺の類話を一瞥してみると、この話には三種類の話が重なるか、組み合わさっていることがわかる。ひとつは最も古い『肯搆泉達録』にみられる、山の神あるいは樹霊の警告を無視したために命を落とす杣の話、二つめは、若い女に化けた山猿や雉に小屋場の若い衆が寝ている間に舌を抜かれる話、そして三つめが、山の化け物を退治する猟師の物語。最古の形がまだ古い信仰の名残をとどめているのに対し、あとの二つは、女の美しさや舌を喰う様、あるいは猟師の活躍がこれでもかと強調され、もはや話の主眼が娯楽に移っていることが察せられる。おそらくは、これは物語の語られた時代の、語り手と聞き手の関心の変遷がそのまま投影されたものなのだろう。

秋田の「三十人小屋場」伝説

　興味深いのは、秋田県平鹿《ひらか》郡山内《さんない》村にきわめてよく似た三十人小屋場という伝説があり、そこでも同じように物語が展開・変遷していることだ。

　この「三十人小屋場」の初出は、一九一一（明治四十四）年の『山内村郷土誌』というから、これも口碑伝説の記録としては、きわめて古いものである。今それを『伝承文芸　秋田県平鹿郡山内村昔話集』から引いておく。

黒沢字堂ノ上小字三十人小谷場と云ふ所あり。之は昔三十人の人々相共同して小屋を拵へ、薪切りし久田台山と云ふ所に登り、廿〔二十〕九名は毎日薪を切り、一人は小屋に残り飯焚きを為す居たり。一匹の犬を伴ひ行き飼ひ置きたるに、或時此の犬を殺して廿九名にて其の犬を食ひ、一人の飯焚きは夫《そ》れを食はず然るに其の夜の深更に至り怪物出て来り、小屋に入り先きのものより舌を抜き、漸々殺し廿九名は既に殺され、彼の飯焚きを望んで来る有様に、彼の飯焚は寝もせず大に驚き起きて逃げ、一目散に走りたるに断崖の岩上に至る。怪物も後を遂ひ来る。飯焚きも今は進退極り、其の岩より飛び下りて見るに、其の下に大なる熊居り、彼の飯焚を腰の下に居えたり其の時怪物も飛び来る。然るに熊は怪物と格闘を始む。其の間に飯焚は漸く虎口を免かれ、一命を全ふすることを得たり。其の熊は即ち熊野山なりと聞き一層熊野神社を信仰せり。今に其の小屋の有つた所を三十人小谷場と云ふて、古跡今に伝はれり。*9

この『伝承文芸』には、あわせて、この地方に伝わる類話が九つ報告されていて、こんな概要が付されている。

この三十人小屋場の話はもともと熊野山神社の由来譚として話されていたと思われる。そして今回採集された神社由来の欠如した型の三十人小屋場の話はおそらく「百物語をすると化け物が来る」という俗信又は世間話があり、もともと伝承されていた三十人小屋場の伝説と接触しながら、新しい話を形成しつつあるのではないだろうか。*10

富山県の十六人谷伝説とは異なり、秋田の三十人小屋場の伝説では、明治の古記録と平成になって採集された九話すべてが、化け物に舌を抜かれて殺される話であるが、そのうち、化け物が女の姿となるのが三話あり、またその化け物の正体をヒヒというものが三話ある。このあたりの変遷とヴァリエーションも、富山の伝説とよく似ている。

富山と秋田のふたつの伝説の共通点をまとめれば、まずなによりも、不思議な数をもつ地名があり、そこで小屋がけをした人々がなんらかの理由で集団で命を落とすこと、それは古くは化け物の仕業とされるが、後には、それが若い美しい女の姿をとり、また、その正体は、ヒヒ、山猿、雉などとも説明されること、またその殺され方としては、口を嗅ぐ、頭をまたぐ、顔をのぞく、などがあるが、これはむしろ例外で、舌を抜くという残虐な方法が圧倒的に好まれることなど、偶然の一致とは思えない共通点が存在する。その理由が、もともとひとつの伝説が流布したためなのか、あるいはそうではなくて、山にかかわる生活をする人々の共通の発想というべきなのか、わたしには説明できない。

いずれにせよ、こうした伝説の広がりから、大島廣志は「「息を吹きかけて人を殺す」モチーフは、「雪おんな」以前にこの国に存在していたモチーフなのだから、木こりなど山仕事をする人々の間で伝えられてきたこのモチーフと、雪中に現われる雪女の話が合わさって「原雪女」が成立し、それを世間を渡り歩く宗八が聞き、ハーンに提供したとも考えられるのである」と、ひとつの可能性を示唆している。繰り返すが、わたしは、この可能性を否定するつもりはないのだが、少し気になる点がいくつかある。

「雪女」の白い姉妹

たとえば、ここまで見てきた十六人谷伝説に、三十人小屋場のヴァリエーションを加えてみても、厳密にいえば、「息を吹きかけ殺す」という例は存在しない。「雪女」に比較的近い「口を嗅ぐ」「顔をのぞく」という仕草でさえ、それぞれ一例のみで、圧倒的に多いのは、「舌を抜く」という殺し方で、これは「雪女」とは異質にも感じられる。わたしがこの仮説に心ひかれない理由をもうひとつ付け加えれば、雪の化身である雪女が、白い息を吹きかけ茂作を凍死させるというモチーフが、アンデルセン（一八〇五—七五）の前例からみれば、ごく自然で、そこに日本の口碑からの影響が必要であるようには思えないからだ。

ハーンは日本時代の後半、神戸に転居したころを境に、著作の重心を紀行文やエッセイから物語に移しはじめ、幽霊や怪奇を主題にした物語の再話を数多く手がけるようになる。この変化を示すエピソードのひとつに、一八九五（明治二十八）年（おそらくは春頃）、ハーパー社に「哲学的なフェアリーテールズの一巻」を書きたいので、アンデルセンを再読したいと伝えていたことがあげられる。ハーンはこのときハーパー社から送られてきた四巻本のアンデルセン作品集に大きな感銘を受け、それを友人のチェンバレンにあてて「とほうもない大きさの空想と魔法のような単純さ、そして驚くべき圧縮の力（the immense volume of fancy——the magical simplicity——the astounding force of compression）」と最大級の賛辞でもって伝えている。

富山大学に残るハーンの旧蔵書（ヘルン文庫）のカタログには、この四巻本は見当たらず、アンデルセンの著作としては、*Fairy Tales from Hans Christian Andersen*, Translated by Mrs.E. Lucas & illustrated by T.C.& W.Robinson, London, J.M.Dent & Co., 1899の一冊が載るだけで、またハーンが手紙のなかでアンデルセンに言及するのも、このときかぎりのことなので、アンデルセンからハーンへの影響をどの程度、真剣に考えるべきなのか、ためらう部分もあるのだが、このときアンデルセンに認めた三つの美点は、そのままハーン晩年の怪談の目標となっていたことは、ほぼ間違いないだろう。

アンデルセンの『雪の女王』

そのアンデルセンの代表作のひとつに『雪の女王』（一八四四）がある。小さな男の子カイがひとり雪あそびをしている時のことだった。

たくさんの雪のひらは、しだいしだいに大きくなり、とうとう、大きな白いニワトリたちのようになりました。ふいに、それらがぱっと両わきにとびのいたかと思うと、大きなそりはとまり、そして、そりを走らせていた人が立ちあがりました。その毛皮も、帽子も、すっかり雪でできています。その人は、とても背が高く、すらりとして、かがやくように白い女の人でした。それは雪の女王でした。

「ずいぶんよく走ったこと！」と、雪の女王はいいました。「おや、こごえているのね！わたしの白クマの毛皮のなかにおはいり！」というと、女王は、カイを大きなそりに乗せて、自分のそばにすわらせ、毛皮をかけてくれました。それはまるで、雪だまりに沈みこむような感じでした。

「まだ、こごえているの？」ときいて、女王はカイのひたいにキスしました。おお！そのキスは氷よりもつめたく、そして、もう氷のかたまりになりかけているカイの心臓に、まっすぐしみこみました。

「もう、これ以上はキスしてあげないよ！」女王はいいました。「こんどキスすると、おまえを死なせてしまうからね！」

カイは、雪の女王をながめました。女王はほんとに美しくて、これよりもかしこく、愛らしい顔があろうとは、とても考えられません。……カイの目には、女王はまったく完全な人にうつりました。[*11]

こうして雪の女王は小さなカイを連れ去ってしまう。隣に住む幼なじみのゲルダは、カイを探す長い旅に出る。あちこちでカイの行方を尋ねていると、森のハトがこんなことを教えてくれる。[*12]

「クウ、クウ！　ぼくたち、カイちゃんを見たよ。白いニワトリがカイのそりを運んでいて、カイは雪の女王の車に乗っていた。ぼくたちが巣の中にいるとき、その車が、森の上すれすれに飛んでいったんだ。そのとき、雪の女王が、ぼくたち若い者に息を吹きかけたんで、ぼくたちふたりのほかは、みんなみんな死んじまったんだよ、クウ、クウ！」。[*13]　〔傍点引用者〕

「雪女」と「雪の女王」の共通点は数多い。「雪の女王」が、すらりと背が高く、かがやくように白い色で、美しい顔をしていること、息を吹きかけ、森の生き物の生命を奪ってしまうこと、そして、こちらのほうがむしろ決定的に重要な点なのだが、小さなかわいい男の子が好きで、自分のものにしようと誘拐してしまうこと。わたしがここで言いたいのは、ハーンの「雪女」とアンデルセンの『雪の女王』とのあいだの直接的な影響関係の有無ではない。それは、あったのかもしれないし、なかったかもしれない。むしろ、ここで指摘しておきたいのは、冬の寒さと雪を、白く背の高い美しい魔女として擬人化する前例が、ヨーロッパ文学にあること、そしてその影響下で、白い魔女が息を吹きかけ人を殺すというのが、ごく自然な発想だということだ。

C・S・ルイスの「白い魔女」そしてギリシア神話

もうひとつ、英文学からの新しい例も付け加えておこう。第二次世界大戦後に出版された児童文学の傑作、C・S・ルイス（一八九八―一九六三）のナルニア国物語の第一巻『ライオンと魔女と衣装簞笥』（一九五〇）からである。ここにもまた「白い魔女」が登場する。「白い魔女」ってどんな人と尋ねるルーシーに、フォーンはこう答える。

"The White Witch? Who is she?"

"Why, it is she that has got all Narnia under her thumb. It's she that makes it always winter. Always winter and never Christmas; think of that!"*14

「白い魔女？　それはどんな人なの？」

「どんな人って、この人がナルニアを支配してるんだよ。ナルニアが一年中、冬なのはこの人のせいだ。一年中冬だぞ、わかるかい、だからクリスマスだって来ないんだ」（拙訳）

この白い魔女もまた冬と雪と氷の化身なのである。そしてその姿もまた前例に従っている。そりに乗っていたのは、白い毛皮をまとった、背の高い、白い肌の美しい女だった。この容姿と衣装は、きわめて類型的で、アンデルセンの「雪の女王」と瓜二つである。この魔女は、息を吹きかけて森の鳩を殺すことはしないが、手にした杖をふって、自分に刃向かう生き物を「石」に変えてしまう。石化は凍結の比喩である。そして、この魔女もまた小さな男の子のエドモンドをそりに乗せ、連れ去ってしまう。ナルニアの王アスランと魔女の戦いは、ここから始まるのである。

さて、こうしてアンデルセンの「雪の女王」とハーンの「雪女」とルイスの「白い魔女」を並べてみれば、この三者があきらかにひとつの伝統に連なっていることがわかる。「息を吹きかけ人を殺す」というモチーフは、「雪女」の姉妹が「雪の女王」と「白い魔女」であるかぎり、日本の口碑からの影響を必要としないのである。

この三つの物語の背後には、ギリシア神話を起源とする、もう一つ別のモチーフもある。アポローンとヒュアキントスに代表される、神々が美少年を愛し誘惑する物語だが、これは西洋古典文学で繰りかえし語られただけではなく、ルネッサンス以降は絵画にも取り上げられ、ヨーロッパの各国文学に受け継がれ、そこからシェイクスピアの長編詩『ヴィーナスとアドーニス』などが誕生している。ギリシア・ローマの神々は、キリスト教の時代になると、妖精や魔女に姿をかえて、より民衆的な物語や伝説のなかに登場し、同じように少年や子どもたちを誘惑しつづけた。アンデルセン、ハーン、ルイスの「雪の女王」「雪女」「白い魔女」の三つの類型は、このモチーフが雪国に適応して、北方と東方へ展開したと見なすこともできるだろう。

鎮魂と慰霊の語り手、辺見じゅん

さて、ここでまた話を日本に戻そう。これまでさまざまな形の十六人谷の伝承をみてきたが、それらはいずれも、さほどこわい話ではなかった。たしかに舌を抜くというのは、異常な殺し方だが、それでさえ、説話の世界では、閻魔様や舌切り雀の物語にもあるように、類型的な処罰で、類型として捉えるかぎり恐怖は感じないのである。実は、子供たちにもっともこわい怪談と恐れられた、テレビアニメの十六人谷の伝説は、これまで紹介した民話や伝説の書物から直接つくられたのものではない。

番組冒頭で原作としてクレジットされているのは、作家の辺見じゅんが「富山伝説十五選」として書き下ろした「十六人谷」で、この辺見の語る「十六人谷」は、再話というよりは、創作に近い独自の物語なのである。

辺見じゅんといえば、『男たちの大和』（角川書店、一九八三）や『収容所《ラーゲリ》から来た遺書』（文藝春秋、一九八九）などで確固たる地位を築いた現代を代表するノンフィクション作家であるが、実は民話研究者、民話作家としても重要な足跡を残している。

辺見じゅんは自伝的小説『花冷え』（七曜社、一九六四）で作家としてデビューしたが、この作品以降は、フィクションの世界から遠ざかり、おもに民俗・民話の収集・執筆の作業に従事している。具体的には、『日本の民話』（全十二巻、角川書店、一九七三—四）、同名の二十巻全集（世界文化社、一九八一—二）、そして『日本の伝説』（全五十巻、角川書店、一九七六—八〇）などが著作年譜[*15]に記されている主要な仕事で、一九七〇年から八〇年頃まで、ほぼ十年間にわたり民話作家として活躍していた。

これらは、松谷みよ子などと共著・共編という形での仕事だが、この時代、唯一、単著として出版されたのが、『愛の民話』（新書館、一九七四）である。これは全一五七ページの、刀勢画家・宮田雅之による切り絵風のイラストの配された愛らしい小冊子であるが、ここにおさめられた十六編の物語を読むと、辺見じゅんの民話についての特異な嗜好がはっきりとわかる。

第一章におかれた五話の内容を見ておこう。

第一話は、「紙漉く里」。土佐に紙漉きの技術を伝えた新之丞と尼の淡い恋、そして紙漉きの技術の流出を恐れた藩の役人の命令により新之丞が切り殺され、その地に亡霊となってたたる話。

第二話「お清牡丹」は、天竜川伊那峡谷の山里でのこと、断崖の牡丹の花をつもうと落下した恋人を追って、娘が身をなげる悲恋の物語。

第三話「姫百合揺れる」は丹沢山系の奥深くに栄えた矢口長者の隠れ里が下流の村人におそわれ、長者の娘が自害する話。

第四話「狼石」は、秋田と岩手の国境でのこと、吹雪の夜、村で宿泊を拒まれた巡礼の母娘が寺の軒下から姿を消す。そののち、巡礼に宿を拒んだ寺の住職が狼に食い殺され、退治に出た鉄砲の名人が、狼に指図する不思議な娘をみる。村は狼に襲われ、戦いを止めようとした娘は、村人の放った矢で命をおとす。国境の峠道には、狼の形をした石が六つ並んでいる。娘を慕う狼が悲しみのあまり石になった姿だといわれている。

第五話「海の琴」は、海賊にとらえられた琴の名手の娘が、海賊の大将のそばめになることを拒み処刑され、怨霊となってたたる話。

この五話を通読しての印象をいえば、『愛の民話』と題され、淡い恋や、激しい恋も語られてはいるが、全話を通じての主題は、むしろ「死」、それも現世での非業・非情の死である。これら物語の主人公たちは、藩の利権のために切られ、富に嫉妬する隣村の暴徒に襲われ、閉鎖的な村人たちに射殺され、海賊に処刑される。

第二章、第三章と進んでも、物語の基調は変わらない。

「見えない灯明」は、「比良の八荒」とも呼ばれ、修行僧のもとへ湖をわたり百日通った娘が、その満願成就の日に修行僧の疑念と裏切りにより命をおとす話。「瀬戸の巡礼」は、自分に仕えるかむろを癇癪で殺してしまったおいらんが、怨霊にたたられ四国巡礼の旅のはてに命をおえる話。「白椿の女」は出雲日御碕《ひのみさき》神社の宮司の妻が松平出羽守の横恋慕により自害して首を差し出し、そのたたりで出羽守が狂死する話。

これら辺見じゅんの選ぶ『愛の民話』の印象は、暗く悲しい。同時代で民話作家として人気のあった松谷みよ子が、もともと児童文学の出身で、子どもに向けた、快活でわかりやすいストーリーテリングを得意としていたのと比べると、辺見の暗い主題、重い語り口は、きわだった特徴をもっている。

わたしは、一九五〇年代からはじまる日本の民話ブームは、社会が戦前・戦中の重苦しい国家神話の「物語」から脱出するための、小さなブースターエンジンのような役割もはたしていたのではないかと考えている。血まみれになった国家神話のかわりに、無垢の愛郷心、素朴な地方主義の「民衆」物語に回帰すること、それが戦後の民話人気を支えた要素のひとつだった。しかし、辺見じゅんの民話世界は、前時代の「血まみれ」の物語に背を向けていない。『愛の民話』に描かれているのは、その多くが、日本の各地につたわる非業の死と弔われなかった怨霊たちの物語だった。そして辺見の物語は、ひとたび取材対象を、山間僻地の村人から、戦争の体験者や犠牲者、その家族へと変更すれば、それはただちに戦艦大和やシベリア抑留の物語に変貌する可能性を秘めていた。この民話集は、主題と語りにおいて、『男たちの大和』や『収容所《ラーゲリ》から来た遺書』と異なるものではない。そのジャンルが、民話であれ、和歌であれ、戦争文学であれ、辺見の表現者としての立ち位置は、変わらないのである。辺見じゅんは、その文学デビューから一貫して鎮魂と慰霊の語り手だった。

『愛の民話』と戦争文学の傑作『男たちの大和』『収容所《ラーゲリ》から来た遺書』のあいだに、辺見の仕事のもうひとつの柱である「紀行」をおくと、辺見じゅんの仕事の一貫性がよりはっきりと見えてくる。たとえば、『愛の民話』の翌年に刊行された『呪われたシルク・ロード』（角川書店、一九七五）。これは、幕末明治に北関東などから、絹を横浜へ運ぶ街道として栄えた、八王子鑓水《やりみず》の絹商人たちの繁栄と没落、そこに伝わる口碑伝説、機織りの女たちの唄と苦しみを、現地への紀行文におさめた歴史・民俗学的なルポルタージュである。民話の取材でこの地を訪れた筆者は、絹による富が、小さな貧しい村にもたらした数々の悲劇に魅了され、民俗を語ることよりも、人々の栄光と挫折と死を物語ることに熱中する。そして、最後に当時新聞をにぎわせていた立教大学助教授による女子大生殺人事件まで調べ始める。なぜ？　歴史・民俗学的な紀行文の最後を、なぜ、こんな「現在」の情痴事件でしめくくったのか。当時も今も、読者の多くは首をかしげてしまうだろう。辺見がこの事件の詳細を語らざるをえなかった理由――それは、この八王子鑓水に女子学生の死体が遺棄されていたから、それも「骨がこわれるほど固くビニール・ロープで縛られ」「捨てられた水子の格好で」[*16]埋められていたからなのである。それだけで、辺見の関心は、歴史と民俗を超えて、愛と死を物語ることのほうに向けられてしまう。辺見じゅんは、非業の死と弔われなかった怨霊らの物語を聞けば、それを書かずにはいられない人だった。それがいつの時代でも、どんな人であっても。この作家がやがて、戦艦大和とラーゲリの物語に向かうことは、ほとんど必然であったようにも思える。

　いま、わたしは、辺見の紀行・ルポルタージュを、民話から戦争文学へと向かう中間形態のように書いたが、実をいえば、辺見じゅんの民俗の知見を活かした随筆・紀行文は、それだけでも十分、文学的に高い価値をもつものだった。とりわけ、わたしが感心するのは、前後に身辺雑記、とくに身のまわりに起こった死の物語をおいて、そのあいだに、民話をはさみこむ技法だ。紀行文のなかに民話を挿入するというのは、わが愛するハーンがアメリカから日本までの旅のなかで磨き上げた独創的な工夫だが、辺見じゅんの語りは、ハーンよりも散漫ではあるが、その主題は、もっと徹底して死とつながっている。

　この紀行に民話を重ねる手法は、ごく初期の作品、たとえば、今ここに取り上げている『呪われたシルク・ロード』や、その二年後に出版された『はしりかねと八つの村の物語』（文藝春秋、一九七七）にも散見されるが、より成熟した完成形が見られるのは、晩年の随筆集『花子のくにの歳時記』（小学館、一九九一）である。この本は、もともと小学館の広報誌『本の窓』に「民話歳時記」というタイトルで、一九八七年から一九九〇年まで、三十七回にわたり連載した文章をまとめたものなので、主役はむしろ民話であるべきなのだが、ここでも辺見は愛と死を物語ることのほうに強く固執している。

たとえば、「生まれ変わり」においては、自分の妹の死、そして父の死を語ったあと、ごく自然な流れで、紀州の赤尾長者とその子、亀千代の誕生と再生の物語が語られている。そしてまた身辺の回想にもどり、娘を失った辺見の父母がその遺髪をもって小豆島の四国八十八カ所巡りに出かけたこと、父の死後、辺見もまた小豆島を訪れたことが語られる。これは内容からいえば、自分の家族の死の回想のあいだに、おさなごの死と再生の物語をはさみこんだだけともいえるだろう。しかし、わたしは、この随筆を読んで、人々がなぜ子どもの死と再生の物語を飽かずに語りつづけているのか、素直に納得できた。これは民話をその発生した環境、語られる現場にもどす試みだろうとわたしは思う。民話が民話だけで切り取られ、「××民話集」という人工的に区分された書物のなかに閉じこめられてしまう出版状況のなかで、それをもう一度、物語の発生する場に引き戻そうとする試みは、きわめて貴重で、それはまた、父の角川源義《げんよし》から受け継いだ折口信夫への敬愛の思いとも一致するものだった。辺見じゅんにとって、愛と死こそが物語の誕生する現場だったのである。

もうひとつ忘れがたい作品をあげておこう。「鶴女房の里」はいうまでもなく、木下順二の『夕鶴』の原話となった、『佐渡島昔話集』の語り手をたずねる話である。ここでその語り手のなかで一番若かったトラさんの身の上話が語られる。

トラさんの「六人だか七人だか」産んだ子どものうち、一番上の兄《あん》ちゃんは、昭和十九年、中国に向かう途中、船が沈没して戦死していた。戦後、何年もたってから、戦死の知らせを受けたトラさんは、泣いて、泣いて、泣きつづけた。それですこしずつ目が見えなくなって、とうとう盲目になってしまったという。そのトラさんが語る「鶴女房」は、こうはじまる。

「——昔、貧乏な家の兄《あん》ちゃんが……」

こうして語られた「鶴女房」は、兄《あん》ちゃんがまるでその場に生きているようで、あの厳しく俯瞰され普遍化された近代劇『夕鶴』とはまったく違った印象を与える。貧乏な家の兄《あん》ちゃんは、心優しいがゆえに、つかの間の幸せをえるが、その幸せを失い、兄《あん》ちゃんを乗せた船は、中国に向かう途中……

民話、和歌、紀行随筆、そして戦争文学——辺見じゅんの一見、多種多様な文学作品は、その実、どれもが死者への慰めの物語であった。ここで注目しておきたいのは、辺見じゅんが、民話執筆の仕事を始めるのとほぼ同時に、その作業から離脱する方向に向かっていることである。辺見にとって重要なのは、民話を語ることではなくて、愛と死の物語を語ることのほうだった。

辺見じゅんの「十六人谷」

それではこの異色の「民話作家」辺見じゅんの残した「十六人谷」とは、どのような物語であったのか、そのあらすじを見ておこう。

昔、黒部の谷の在所に年老いた弥助という木こりがいた。生涯、独身で今はもう年老いて山へ行けなくなった弥助老人のもとを、ひそかに訪れる一人の娘がいた。ほっそりと透きとおるような肌をしたいとおしげな娘だった。いつも赤い帯をして昼下がりになるとやってくる。弥助はこの娘に過ぎ去った日々のことを語るのを生き甲斐にしていた。

そして弥助はある日、十五人の木こり仲間と黒部の谷に入り、小屋がけしたときのことを語った。その小屋がけの夜、弥助は不思議な夢をみた。ほっそりとした女が現れ、「この谷の柳の木だけは、切ってくれんな。たのんたのん」と囁くような声でいうのだった。

翌日、木こりたちは、柳の巨木をみつける。数百年を経た老木で、根元が左右にわかれていた。片方は太く、片方は細い。

木こりたちは喜び、斧を打ち込む。弥助は夢に現れた女の言葉を仲間に伝え、止めようとするが、仲間たちは聴かない。しかし、弥助だけは斧を振らなかった。

その夜、みなが寝静まった頃、小屋の戸があき、ひとりの女が音もなく入ってきた。目を覚ましていた弥助は、叫ぼうとしたが、声が出ない。


女は若者の一人の上にかがみ込んだ、顔を寄せ、口をかぐようにした。そして、ひとりまたひとりと近づき、顔を寄せ、口を吸いとるように重ねた。

「だ、だれや」

弥助は、今一度叫ぼうとした。すると、女は、弥助のほうをじっと見た。皓々とした月光に照らされた女の顔は透きとおるように白かった。唇はさえざえと朱く濡れていた。女はふっと笑った。吸い込まれるような美しさだった。

女は十五人の木樵に顔を寄せると、弥助に近づいた。白いしなやかな手で弥助の顔を包んだ。弥助は恐ろしさを忘れた。魂を奪われたようにみつめていた。「今のこと、けっして人に言うてはならんよ。もし、人に言うたら……」

気がついたとき、その姿はかき消えていた。弥助はふたたび、闇の淵にひきずり込まれるように眠りに落ちた。

目を覚ますと、あたりは眩しかった。明るい朝の光が小屋いっぱいに差し込んでいた。仲間の木樵たちは、正体もなく眠りこけている。

弥助ははね起き、仲間の一人、一人をゆすぶり起こした。

「権助……三吉……」

次々と名を呼び、弥助はあっと叫んだ。

十五人の木樵たちは、一人残らず舌を抜かれ、死んでいた。

「あれは……今、思うてもおっとろしいほどの美しい女ごやった。おら、あんときの女ごが忘れられん……」


夕方、隣の嫁さはいつものように弥助を訪れた。弥助は息絶えていた。

死顔はどこか恍惚としていた。なにかを見て、それに話しかけようとしているかのようだった。

そういえば、この二、三日、弥助爺はよくひとり言をいっていたと思った。嫁さは、ふいに体をふるわせ棒立ちになった。

なかば開いた弥助の口には、舌がなかった。

その後、十六人の木樵が小屋がけしたこの谷を、十六人谷と呼ぶようになったという。[*17]

子供たちの記憶に刻印されたこと

これでなぜ、テレビアニメとなった十六人谷伝説が、子供たちに強烈な印象を残したのか、わかるだろう。子供たちが忘れられなかったのは、木こりたちが舌を抜かれて殺されたことではない。むしろ、命を救われた弥助が樹霊に恋し、生涯独身をつらぬき、殺されると知りながら、いや、むしろ、再会＝殺されることを望んで、話すなという禁忌を破り、恍惚の表情を浮かべながら舌を抜かれたという、物語の結末なのである。そして、この結末こそが、従来の「十六人谷」に見られない、辺見じゅんの独創だったのである。

ただ、テレビを見ていた小さな視聴者たちが、この結末を完全に理解できたかどうか。たぶん、理解はできなかったと思う。しかし、できなかったからこそ、大人になってからも、あの物語はいったい、なんだったのだろうかとネットで語り合っているのだろう。それこそが辺見の創作意図で、子供たちが大人になってからも反芻しつづけた「怖ろしさ」とは、人間の「性愛」の深淵をのぞきこんだ「怖ろしさ」なのである。

この結末は、大人でも完全には理解できないかもしれない。女との再会を願い、殺されることを望んだ老人の気持ちはわかる。弥助はさぞや幸せであったろうと思う。わからないのは、弥助を訪ねてきた若い娘の存在である。娘の訪問は、ほうけた弥助の妄想であったようにも読める。

ただ、それが妄想であったのなら、弥助の舌をぬいたのは誰なのか。弥助は自分で自分の舌をかみ切ったのか？　弥助のもとに通う娘が本当に樹霊であったなら、樹霊は、なぜ弥助につきまとい、破約をそそのかすようなことをするのか。女のほうもまた弥助に恋をしていたのだろうか。

すべてがあいまいで、ここには、老人のマゾヒスティックな妄想と、美しい樹霊の気まぐれなサディズムが混在しているように感じられる。単一の合理的な解釈を許さない、この謎めいた結末こそ、この物語の魅力であり、辺見じゅんの創作意図であったようにも思える。

この強烈にエロティックな物語が（アニメ版では、辺見の原作に手が入れられてかなり理解しやすくなっているが）子供たちの記憶のなかに封印され、彼らは大人になった今、これが作家辺見じゅんの創作であるとも知らず、子供時代に見聞きした一番こわい「民話」として思い出を語りあっているのである。

ここで注目したいのは、民話・伝説というものが、これほど改変できるという、再話の自由度の大きさと、これがほぼそのままの形で子供向けに放映できたという二点にうかがえる、「口承」とされる民話・伝説に許された、信じられないほどの特権的な地位である。それは近代的な著作権やモラルの抑制をいとも簡単に飛び越えてしまうのである。

これは日常生活や大学の講義においては、きわめて厳格なモラリストであったハーンが、ひとたび日本の古物語の再話となると、なぜあれほど残虐な物語を語ったのかという、謎を解く鍵にもなる。ある研究者は、この矛盾をハーンの「道徳的分裂」であるとして非難したが、作家が作品のなかで道徳規範を逸脱するのは、むしろ、当たり前のことで、研究者が取り組むべき課題は、そこから先、つまり、作者がどのような仕組みや手続きを経て、心の内奥にある感情や欲望を開放しているのか、なのである。謹厳なモラリストである以上に老獪な作家であるハーンは、その仕組みや手続きをよく承知したうえで、あえて制約の多い異邦文学の民話・伝説の再話に取り組み、近代的な短編小説にまさる創作の自由を得ていたのである。

民話と創造

日本における本格的な民話の記録と研究は、柳田国男の民俗学にはじまるが、そこでは、こうした語りに潜んでいる語り手の欲望や感情、そして芸術的創造性は、あまり注目されてこなかったように思う。柳田の関心は、口承民話のなかに、日本文化の文字以前の原型を探ることにあったから、民話の語り手や記録者は、極端にいえば、書物の知識に汚染されずに、耳で伝え聞いた言葉をできるかぎり忠実に伝えるキャリアーかレコーダーであることが望まれる。民話の価値をきめるのは、その語りの信憑性（authenticity）で、それは柳田自身の著した『遠野物語』が、再話芸術としても最高峰にあり、きわめて個性的な思慕と理念に彩られ、修辞にも細心の工夫がなされていることを思い起こすと、すこし矛盾があるようにも思えるが、それでも民俗学が、民話の伝承を支える根源的な力のひとつに、個人の創造性をあげることはなかった。語りの根本的な動機として、それを認めてしまえば、民俗学における口承文学の学問的価値が揺らぎかねないからである。

そのような民俗学の立場からみれば、ハーンの残した再話物語の多くは、その出来不出来にかかわらず、民話の語り手や記録者が決してまねてはいけない悪しき先例に分類されるだろう。柳田からみれば、ハーンが『遠野物語』の誕生以前に、いち早く、民間の口碑伝説の価値を認め、これを英語の芸術世界に移植したことには敬意を表さざるをえないとしても、その再話の目的や方法には、とうてい賛成できなかっただろう。ハーンの再話文学は、当然ながら、日本の民俗を正確に描くことを目的にはしていなかった。ハーンの野心は、日本の民俗を素材にして、文学的創造をなしとげることであり、自身の思想、感情、欲望、美学にかなう「独創」的な物語を書くことだった。また、その方法とスタイルも、徹頭徹尾、西洋ロマン派文学のそれであり、基本的には西洋の読者を想定したものだった。こうして生み出された物語は、いかに芸術的に優れていようとも、民俗学の「民話」の基準からみれば、困った「亜種」、模倣してはいけない「悪例」であった。柳田国男の著作に残された、さほど数の多くないハーンへの言及が、総じて、尊敬というよりは、すこし揶揄するような、あるいは距離をおくような冷淡な口調であるのは、そのためだろう。

しかし、民話にかかわる多くの作家や語り手は、民俗学への素材の単なる提供者、伝説の継承者であるよりも、主体的な語り手、創造的な作家であることを望んでいた。その結果、これも当然なことではあるが、柳田民俗学には敬意を示しつつも、語り手としては、素直にハーンを愛読し、尊敬し、ときには模倣していた。そのことを如実にしめす例が、これまでに見てきた「雪女」の民話化とメディア展開なのである。

その経緯はあらためて繰り返さないが、要点だけをかいつまんでおけば、ハーンが武蔵国調布村の百姓に聞いた話であると前置きして語った「雪女」の物語は、断片的な言い伝えをもとに、ハーンが想像とロマン派的意匠から作り上げた創作であった。それが大正末から昭和初期にかけて、いくつかの翻訳と翻案をへて、日本の土着の伝説として種々の書物に拾われ、戦後、児童文学作家の松谷みよ子が『信濃の民話』のなかで安曇野の民話として再話したことがきっかけとなって、日本各地で民話として語られるようになり、一九六〇年代から八〇年代に出版された数多くの地方民話集に収録されていったのである。その民話化の過程は決して直線的なものではなく、途中、何度も、ハーンの原作が直接、参照されて、書き直しや語り直しが行われている。

この事実、とくに最後の点は重要である。すなわち、柳田民俗学の理念とは異なって、一九六〇年代から八〇年代にかけて活躍した民話の語り手の多くは、創意工夫に富み、自己の判断と感情により民話を作り替え、語り直す人々だった。彼らは、受動的な伝達者であるよりも、能動的な創作者であろうとした。耳だけでなく、目で活字から、後には映像からも素材を得て、閉ざされた共同体の中ではなくて、公共の場で、マスメディアを通して、多数の読者と聴衆を相手に活動する人々だった。

戦後、新たな民話運動の主唱者として登場した木下順二は、ハーンとは異なる政治的文化的理念を掲げ、ハーンを静かに無視していたが、実のところ、その民話を語るスタンスからいえば、ハーンを受け継ぐ正統的な弟子であった。そして、木下の影響のもと、戦後の民話ブームを主導した松谷みよ子にしても、ここに取り上げた辺見じゅんにしても、あきらかに、ハーンの、そして木下順二の、民話を「創造」する芸術家の系譜に連なる人だった。

この「民話」の時代に見える問題の一つは、柳田民俗学による口承物語の学術的な収集記録作業と、民話の語り手や創作者たちによる、日本国民という共同体への「想像の」語り聞かせ作業が、同時平行的に、あまり区別されることなく行われていたことだった。両者は異質な理念による異質な活動なのに、その違いが明示されることなく、ある種の「共犯者的な沈黙」のなかで、敗戦後の新たな国民的アイデンティティの形成期に誕生した未曾有の民話のブームから、その利益を享受していたように思える。

こうして「現代」の自由な語り手たちが、さまざまな意図や感情のもとで、創造・改変した物語が、その独自の工夫や創造性を賞賛されることなく、かといってその伝承の民俗学的信憑性が問題視されることもなく、「民話」という形式のためだけに――いや、その形式ですら明確に定義されないまま――、古い日本の「遺産」「記憶」であるとして、小さな村や地方の名前を冠され、記録・出版されていたのである。それが戦後の日本を華やかに彩った伝統の創出「民話ブーム」の実態であった。

「十六人谷」に「雪女」を接ぎ木する

話を辺見じゅんの「十六人谷」にもどそう。辺見は、この物語の再話にあたり、ひとつの伝承を中心に据えるというよりは、いくつもの異なる伝承を巧みに組み合わせている。それは後年のノンフィクション作家としての成功を予感させるほど、学術的に徹底したリサーチだった。

辺見の物語は、全体の形としては、冠松次郎の『山への味到』に近いが、切り倒されたのが夫婦柳であるかのような示唆は、わたしの手元の資料から判断するかぎりでは、青木純二の『山の伝説』に依拠しているようにみえる。その伐採の前夜に夢のなかで警告を受けること、また、木こりたちの口をかぐという女の仕草は、最古の記録『肯構泉達録』によっている。舌を抜くという殺し方は、『ある山男の話』や別系統の「十人組の坂」を参照したのかもしれない。しかし、そのどちらも、手を用いて舌を抜いているように描かれているから、相手の口に自分の口をつけ、直接、吸い取るように舌を抜くという描写は、辺見じゅんの独創である。

しかし辺見じゅんの物語の後半部分は、従来の十六人谷伝説には、まったく見られないものだった。たとえば、弥助が、仲間を殺した柳の樹霊に恋してしまうこと、その樹霊からここで見たことを話してはならないと命じられ、その場では命を救われること、しかし、その樹霊が何年もしてから美しい娘の姿をとって弥助のもとを訪れること、そして、ついに弥助が話すなという禁忌を破ってしまうこと。さらにいえば、主人公に「弥助」という名前が与えられ、それとともに、明確な個性が与えられていること。

さて、これらの変更が、一体、何を素材に、誰をお手本になされたのか。わたしには、それがハーンの「雪女」であったとしか思えない。

さきに引用した「十六人谷」の一節を、ハーンの「雪女」と較べてもいいし、また松谷みよ子が『信濃の民話』に採録した民話「雪女」の一節と比較してもいい。

戸がかたりとあいて、吹雪がどっと舞いこんだかと思うと、その風にふきこまれたように、一人の美しい娘が戸口に立っていたのです。

「誰だ。」

箕吉はさけぼうとしました。しかし声は出ません。体もうごきません。娘はすっと入ってくると父親の茂作の上にかがみこんで、ふーっと白く凍った息をはきかけました。

「誰だ。」

箕吉はもがいて、又さけぼうとしました。

するど娘は振り返って箕吉の方をじっとみつめました。消えかかったいろりの火に、その娘の顔はすきとおるように色白く、唇だけがさえざえと赤く、後にたばねた髪はぬれたようにつややかでした。

娘は箕吉の上にかがみこみました。

「お前は何という様子のいい若者だろう。わたしはお前が好きになりました。しかし、今夜こうしてわたしとあったことをどんな人にも話ではなりません。もし話した時には、お前の命はないものと思いなさい。」[*18]

もともとこの論文は、十六人谷の伝説、あるいはそこに現れる「人に息を吹きかけ殺す」モチーフが、ハーンの「雪女」の材源のひとつであった可能性の再検討から話をはじめたのだが、ここにきて、辺見の書いた「十六人谷伝説」が、逆に「雪女」を参照して書かれていることが明らかになったのである。

東京都檜原村の「大きな柳の木」——マルチメディア時代の民話の伝承

もうひとつ、よく似た例を付け加えておく。

これは東京都の檜原《ひのはら》村に伝わる「大きな柳の木」[*19]という話で、『檜原の民話』に収められ、大島廣志が「人に息をふきかけ殺す」モチーフの例として言及している話である。以下にその要約を掲げる。

むかし、ある谷に大きな柳の木があって、五、六人の木こりが、この木を切り倒そうとしていた。その晩、ひとりの若い木こりが、夜中に外へ出ると、きれいな女が立っていて、あの木を切らないでほしいと頼む。

しかし翌日、木こりたちは、その柳の大木を切り倒してしまう。すると雪が降り始め、みなが小屋で寝ているところに、女がものすごい形相であらわれ、寝ている男たちに息を吹きかける。木こりたちは凍ったように死んでしまう。それをこっそり見ていた男はその場を逃げ出すが、何年もしてから、女が「道に迷ったので、どうか泊めてほしい」と現れる。夜中になると、「あなたは十六年前にわたしの夫を殺した」と恐ろしい形相で迫ってくる。男は逃げ出すが、後ろからつかまってしまい、息を吹きかけられ、凍え死んでしまう。

これは大正十二年生まれの藤原ツヂ子が、祖父から聞いた話と注記があって、しかも、檜原村は、ハーンが「雪女」を聴いたという農夫の出身地「武蔵国西多摩郡調布村」にも近いから、ほうっておくと、これこそがハーンの「雪女」の原拠に違いないという「新説」が出てきそうなので、あえてここで、その可能性を否定しておく。語り手がいかに古い話であると断っていても、初出が一九八七年で、それ以前の民話、伝説集に類話がないとすれば、これをハーンの「雪女」の原拠とすることは無理で、文献学の常識からすれば、これは明らかに、辺見じゅんの「十六人谷」と同じく、別系統の樹霊の祟り話に、「雪女」が重ねられたケースなのである。今少し大胆な推測をすれば、辺見じゅんの「十六人谷」そのものが「口碑化」した可能性さえ考えられる。『檜原の民話』の編集者が檜原村で本格的に取材をはじめたのは、一九八四年だという。[*20] 辺見じゅんの「十六人谷」は、一九七七年に刊行され、檜原村での取材のはじまる前年の一九八三年にはテレビ放映もされていた。活字かテレビで知った辺見の「十六人谷」の強烈な印象が、さらに強く「雪女」に引きつけられ、話し手の頭のなかで祖父の物語と混同され、檜原の民話として語られたという可能性も、否定しきれないだろう。柳の霊と「十六」という数字と「雪女」の残像の不思議な混在は、そうした可能性を強く示唆している。民話研究者は、この推定に顔をしかめるかもしれないが、しかしそもそも、伝承における声と文字と映像の厳格な区別を、八〇年代というマルチメディア時代の語り手に求めるほうが無理なのである。

ハーンの「雪女」は、ハーンの個人的情念に、西洋文学の伝統的形象と日本の民俗的衣装をまとわせ仕上げた、近代西洋向けのオリエンタリズム的創作だった。しかし、これがもっとも愛好され、大きな影響を与えたのは、日本においてであった。明治の末に翻訳され逆輸入された「雪女」は、昭和の初期には、日本の口碑に書き換えられ、やがてそこから多種多様な「雪女」が派生し、日本各地で土着の伝説・口碑として語られるようになった。さらには、ここで論じたように、本来はまったく別系統の十六人谷伝説にも流入し、東京の檜原村の民話にまで影響を及ぼしていたようなのである。

これは、「雪女」の民話化であると同時に、民話の「雪女」化でもあった。全体として「雪女」は民話化されるなかで、ハーンの原話がもつ「雪の女王」的性格や強烈な母性神的特徴を失い、女神に誘惑・翻弄される男のマゾヒズムも消えて、狐女房や鶴女房のような温和な異類婚姻譚に近づいていった。しかし、きわめて例外的に、ハーンのロマンティシズムをしっかりと受け継ぎ、日本の伝統的説話世界からの離脱をこころみる革新的民話作家もいた。それが辺見じゅんの「十六人谷」伝説だったのである。

辺見じゅんは、当時の民話ブームの中心にいた松谷みよ子のこれ見よがしの童話化をあえて拒み、また、原話にまとわりついていた青木純二の通俗的な扇情性もきれいにぬぐい去って、ハーンの「雪女」から危険なロマンスだけをすくいあげて、富山の十六人谷伝説に移植したのである。

数多くの民話の語り手のなかで、彼女だけが、ハーンの「雪女」のなかに巧妙に隠蔽されたサディスティック／マゾヒスティックな性愛を発見し、自作に取り込んでいた。

ただし、その作品が「まんが日本昔ばなし」のアニメの原作として用いられ、テレビ放映をへてビデオ化され、さらには児童向けの出版物にも採録されるうちに、ちょうど「雪女」からハーンの名前が消えてしまったように、辺見じゅんの名が消えて、富山十六人谷伝説の決定版として流布してしまうことまでは予測してなかったのではなかろうか。しかし、これは民話に仮託して、心の内奥を語る作家を待っている、共通の宿命なのである。

創出される伝統

民話に民俗学的な信憑性を求める者にとって、辺見じゅんのこのような創作態度は少なからず疑問に思えるかもしれない。これでは、もはや富山の十六人谷伝説とはいえないのではないか、と。ネットの「まんが日本昔ばなし〜データベース〜」にも、地元に伝わる「本当の」「もっと素朴な伝承」を書くべきではないかと批判する書き込みもある。

しかし、地元に伝わる「本当の」「もっと素朴な伝承」というものが、そもそも存在するのだろうか。繰り返すが十六人谷伝説のうち、もっとも古く活字にひろわれたものは、一九三〇年刊行の青木純二の『山の伝説』に載る「十六人谷」である。青木純二は、ハーンの「雪女」に白馬岳という地名を与え、民話として流布させた人物で、地元に伝わる「本当の」「もっと素朴な伝承」を書いたわけではない。青木がハーンの「雪女」にひかれて、樹霊を夜目にも美しい女とした可能性もある。

青木の用いた原話のひとつと思われる話が、文化十二年（一八一五）頃に富山藩士野崎雅明が著した『肯搆泉達録』の「黒部山中の事」であることにもふれた。ただ、ここには十六人の杣も、十六人谷という地名も、杣を殺す美しい女も出てこない。古風なおもむきはあるものの、杣たちがこの谷の木をきってはならないというお告げを無視したために、異形のものに殺されたというだけの話なので、これを十六人谷伝説と呼ぶことはできない。

青木以降の物語には、杣の殺された後の話として、同じ富山県に伝わる「十二組の坂」などと同様の、化け物（山猿や雉）退治の物語が付け加えられている。たぶん、前半があまりも単調で、語り手も聞き手も退屈してしまったためではないかと思う。後半になにか付け加える必要があるな、というのは一般の作者・読者がこの伝承について抱く共通の感想だろう。

これらヴァリエーションのうち、さて、どれが地元に伝わる「本当の」「もっと素朴な伝承」なのか。そんなものはない、それを民話の伝承に求めることがまちがっている、というのが答えではないだろうか。青木純二以下のさまざまな十六人谷伝説にあるのは、それぞれの伝承が、個人の欲望と感情、意図と工夫により語られているという、文学の語りにおけるあたりまえの事実だけである。それは最古の野崎雅明の「黒部山中の事」にしても、例外ではなく、ここでもまた神への畏怖を説こうする、野崎なりの意図と工夫、欲望と感情がはたらいていたにちがいないのである。素朴すなわち原型ではない。

結局のところ、民俗学者であれば、自分たちの論述に適合する一話を選べばいいし、再話作家であれば、自分の心の声にしたがい語り直せばいいのであって、マルチメディア・デジタル時代の民話とは、そうした無限の語り直し／書き換えと、それに対する聞き手／読者の反応の累積を指し示す言葉なのである。

辺見じゅんの十六人谷伝説の生まれた時代、民話はすでに活字だけではなく、音声や映像によっても視聴される時代になっていた。あらたなメディアの生み出す「物語」に対抗するためには、他のジャンルの作品に負けないだけの社会・思想的なテーマと、鮮烈なイメージと、一気に読ませるだけのサスペンス・娯楽性が求められていた。それは明治の末にハーンが「雪女」を書いたころからはじまっていた変化で、ひとたび、あの象徴的で美しく悲しい、しかも、物語としてのエンターテインメント性にも優れた傑作が生まれてしまうと、それまであった「雪女」の伝承、山中で真白い巨大な女を見たという目撃談や、白い嫁をいろりにあたらせたら溶けて水になってしまったなどという笑い話は、民話の表舞台からは駆逐されてしまうのである。

辺見じゅんの「十六人谷」は、その伝承に、ハーンの「雪女」がもたらしたのと同様の「衝撃」をもたらした。物語としてこれだけ優れた芸術性と娯楽性をそなえた、ハーン的、というよりも、ハーンが師匠と仰いだモーパッサン的ともいえそうな、緻密で劇的構成をもつ「民話」が生まれてしまうと、学術的な研究は別として、マスメディアの世界においては、十六人谷伝説を辺見以前の伝承の形に戻すことは、もう不可能だった。たとえば、一九九三年に富山の桂書房から出版された『富山の伝説』をみてみよう。ここでは、十六人谷伝説が「舌をぬかれたきこりたち」と改題され、辺見じゅんの物語を全面的に採用する形で、富山の民話として再話・収録されている。[*21]

一九八〇年代の中頃にテレビアニメに見入っていた無防備な子供たちを戦慄させたものは、十六人の木こりが舌を抜かれて皆殺しにされるという物語の表面的な残虐さではなかった。その正体は、ハーンが「雪女」に潜ませていた、人間の愛と欲望の深淵への洞察だった。こうして辺見じゅんの物語は、富山の十六人谷伝説の決定版となり、ハーンの「雪女」が土着化するなかで失ってしまった、西洋世紀末文学の性愛とロマンティシズムを日本の民話世界に移植することに成功したのである。わたしは、こうした変化と革新の例をいくつか集めれば、民話とは、伝統的語りの変革であり、新たな伝統の創出であると論じることも可能だろうと思う。[*22]

第六章　註釈

1　大島廣志『民話――伝承の現実』、三弥井書店、二〇〇七年所収（初出：「『雪おんな』伝承考」『國學院雑誌』九九巻一一号、一九九八年）。
2　同、一八頁。
3　「まんが日本昔ばなし～データベース～」http://nihon.syoukoukai.com/modules/books/
4　野崎雅明『肯搆泉達録』、富山県郷土史会、一九七四年、四二五頁。
5　青木純二『山の伝説』（註Ⅰ‐4）、五六―七頁。
6　冠松次郎『山への味到』、墨水書房、一九四三年、二五七―九頁。
7　『日本民俗誌集成　一一』、三一書房、一九九六年所収。
8　宮崎村誌編纂委員会『宮崎村の歴史と生活―舟と石垣の村―』、富山県下新川郡宮崎村役場、一九五四年、五六一頁。
9　『伝承文芸　秋田県平鹿郡山内村昔話集』一七号、一九九〇年、二四頁。なお、引用にあたって原文のカタカナをひらがな表記に改めている。
10　同、二五頁。
11　ハンス・クリスチャン・アンデルセン『雪の女王』大塚勇三編訳、福音館書店、二〇〇三年、二四五―七頁。
12　この指摘はhttp://www.rg-youkai.com/tales/ja/05_akita/16_yukionna.html による。
13　『雪の女王』大塚勇三訳、二八二頁。
14　C. S. Lewis, *The Lion, the Witch and the Wardrobe*, New York, 1986, p14.

15　「辺見じゅん略年譜」「著作一覧」、辺見じゅん『夕鶴の家　父と私』、幻戯書房、二〇一二年、二七八—八五頁。
16　辺見じゅん『呪われたシルク・ロード』、角川書店、一九七五年、二八〇頁。
17　辺見じゅん・大島廣志・石崎直義『日本の伝説　二四』「富山の伝説」、角川書店、一九七七年、一三五—六頁。
18　松谷みよ子『信濃の民話』（註Ⅱ-4）、一七〇—一頁。
19　高津美保子『檜原の民話』、国土社、一九八七年。
20　同、三一六頁。
21　石黒なみ子『富山の伝説』、桂書房、一九九三年。
22　本稿の一部は、富山大学人文学部におけるシンポジューム『小泉八雲の新しい地平：最近のラフカディオ・ハーン研究をめぐって』（二〇一二年十二月十五日）において口頭で発表されたものです。発表の機会をくださった富山大学の村井文夫教授に厚く御礼申し上げます。

七　「雪女」はなぜ越境するのか——補遺

テキストと注解

取り上げるテキスト

本書は冒頭で、ハーンの「雪女」が民話化するプロセスを論じたのだが、全体の論述の都合で、個々の作品や伝承について、十分な説明をおこなうことができなかった。また、以前、その一部を発表したおりに、いくつかの批評やお便りをいただき、修正補足すべき点があることにも気づかされた。今回、あらためて「雪女」論をまとめて単行本化するにあたり、誤りについては、本文中で訂正を加えておいたが、やはり、論述の流れをそこないたくないので、個々の民話についての長い紹介や引用はおこなわなかった。それで補遺としてここに、白馬岳の雪女伝説にかかわる重要な翻訳と作品について、できるだけ詳しく紹介し、テキストを掲げることにした。これら文献が一般の読者の方には入手や閲覧が難しいとわかったからである。

ここで取り上げるのは、以下の五つの作品である。

① 小泉八雲著・高濱長江訳「雪女」　一九一〇（明治四十三）年
② 青木純二「雪女（白馬岳）」　一九三〇（昭和五）年
③ 巌谷小波編「白馬岳の雪女」　一九三五（昭和十）年
④ 小柴直矩《なおのり》「煙と消えた雪女」　一九三七（昭和十二）年

⑤　村沢武夫「雪女郎の正体」　一九四一（昭和十六）年

なお、リストの④に掲げた小柴直矩『越中伝説集』[*1]は、ここで初めて取り上げる伝承で、大島廣志『民話——伝承の現実』[*2]により追補したものである。

誤訳の源流——高濱長江訳「雪女」

さて、リスト①の高濱長江訳は、ハーンの『怪談』の記念すべき本邦初の完訳本に収められたものであり、この本がなければ、おそらく「雪女」の民話化はだいぶ違った形になったのではないかと思えるほど、重要な文献であるが、残念ながら、その訳文の出来映えは、あまり褒められたものではない。たとえば、こんな単純な誤訳がいたるところに見つかる。

けども貴郎が余り若いから——貴郎に懸想しやうとは思はない……

But I cannot help feeling some pity for you — because you are so young.[*3]

箕吉へは実際の美しさよりずつと奇麗に見えるのだ。
and the more that he looked at her, the handsomer she appeared to be.

かう云ふと、お雪は裁縫を打棄《うつちや》つて、起ち上つて、箕吉の坐つてる前へ、お辞儀して、
O-Yuki flung down her sewing, and arose, and bowed above Minokichi where he sat,

「お辞儀」という訳からもわかるが、cannot help ~ ing や the 比較級 + the 比較級の構文にしても、今なら中学か高校一年あたりで習うことだろうから、高濱の英語力がどの程度であったか、おおよそ見当がつくだろう。

これら誤訳は、さいわい、後世になんの影響も与えなかったが、しかし、次の一節はちがう。

お雪は思ひがけない馳走をされたので、味《おいし》さうに戴いて、それから東京へ行くのも日延《ひのべ》するやうに勧められた。かうした結果、お雪は全く東京へ行かなくなつて、許嫁《いいなずけ》の養女のやうに其の家に止まつた。
O-Yuki behaved so nicely that Minokichi's mother took a sudden fancy to her, and persuaded her to delay her journey to Yedo. And the natural end of the matter was that Yuki never went to Yedo at all. She remained in the house, as an "honorable daughter-in-law."

“took a sudden fancy”はともかく、なぜ“behaved”という単語の意味がとれないのか理解に苦しむが、それ以上に問題なのは、“honorable daughter-in-law”を「許嫁の養女のやうな」とごまかし、箕吉のお嫁さんになったと素直に訳せなかったことのほうだろう。その結果、高濱はさらに奇妙な辻褄合わせをする。

お雪は、良い養女になつた。それから五年ばかり後だ、箕吉の母は、臨終に、息子の嫁になつて呉れと遺言した。

O-Yuki proved a very good daughter-in-law. When Minokichi's mother came to die,— some five years later,— her last words were words of affection and praise for the wife of her son.

あまりにも自信にみちた逸脱ぶりなので、原作になにか気に入らない点があって、意図的に改作したのではないかとも思えるが、その前後の訳しまちがいをみれば、これはやはり、単純な誤訳なのだろう。

結局、これで箕吉とお雪の結婚が、母親の死後になってしまったばかりか、その五年間の彼女の幸せと、お雪の孝行ぶりまでが翻訳作品からは消えてしまったのである。

これはハーンの「雪女」が基本的には、母子あるいは擬似的な母子物語の三重唱――雪女と箕吉、お雪と箕吉の母、お雪と十人の子供たち――であることを考えれば、かなり致命的な誤訳で、これはこの後の「雪女」の民話化に、二つの大きな影響を与えている。

そのひとつは、民話化した白馬岳の雪女伝説から徐々に母親の存在が薄れていき、この系統の最終形である松谷みよ子の再話においては、母親がまったく姿を消してしまうことで、拙著においては、それを日本の異類婚姻譚の構造主義的分析から説明したが、その一因にはこんな誤訳もあったのである。

一方では、この系統で例外的に母親の復権をはかった例があり、それはリストの④であるが、ここで利用されたのが、また、この高濱の不思議な訳文だった。ただし、これについては、後述する。

高濱の誤訳が、ほぼそのまま青木の翻案に引き写された例を見ておこう。原文、高濱訳、青木の翻案の順に引用するが、「お前ほど美しい女をみたのは、あのときだけだった」と訳すべき“the only time”が「一寸の間」となってしまっていることに注意していただきたい。

“Asleep or awake, that was the only time that I saw a being as beautiful as you. Of course, she was not a human being; and I was afraid of her, — very much afraid, — but she was so white I ...Indeed, I have never been sure whether it was a dream that I saw, or the Woman of the Snow.”

（高濱訳）『その時、一寸の間《ま》だつたが、夢うつつに、私はお前のやうな美人を見て、怖《こわ》がつた――非常に怖がつた――だが、其の女は白かつたよ……私は、全く夢だらうか、それとも雪女てふものだらうか、と判断に苦んだ……』

（青木）『その時、ちよつとの間だつたが、夢うつつに、私は、お前のやうな美しい女を見て、怖いと思つた、その女は、ほんたうに白かつたよ。あれが雪女といふものであらうか。』

青木が高濱訳を白馬岳の雪女伝説に流用していることがよくわかる。拙著では、紙数の関係で、両者の関係を「灯影」という特徴的な訳文だけで論証したが、むしろ、この一節を並べるほうが、わかりやすかったかもしれない。

高濱訳にはもうひとつ重要な欠点がある。それは最後の別れの場面の“But for those children asleep there, I would kill you this moment!”というお雪のセリフで、これはもう物語の最高の見せ場であるから、短く強く、「そこに寝ている子供たちがいなければ、今すぐにでも、お前を殺してやるものを！」と訳すべきところだが、高濱は、“But for”の意味がわからなかったのか、「だから、子供も恬《こん》なに眠つてますから、今こそ貴郎を殺す筈だが、今、貴郎は小児のために太《ママ》した責任がおありだから、然《さ》うも出来ません。」と、またも辻褄あわせの説明をしてしまっている。

その結果、高濱訳では、これが決めゼリフとして少しも強い印象を残さないので、青木は、子供うんぬんをそっくり削ってしまい、ただ、箕吉を許す言葉だけを残した。

（青木）今こそ、あなたは、それを破つたので、殺される筈なのですが、あなたを殺すことは致しません。

もちろん、このあとに子供を粗末にすると、ただではおきませんよという、警告が残されているので、箕吉が許される理由はわかるのだけれども、ハーンのわずか一行のセリフに込められた、殺意と母性愛のきわどい拮抗は、高濱の翻訳にも青木の翻案にも、感じ取れない。こうして、お雪の箕吉の母への孝行と、母のお雪への感謝、そして、末段の子供ゆえに箕吉を許す雪女の母性は、青木の民話「雪女」からは消えてしまったのである。

少し話が先走るが、青木を下敷きした、⑤の村沢の「雪女郎の正体」となると、この箕吉を許す言葉さえも消えてしまっている。

（村沢）とうとうあなたは一言も口外になさらないと誓つたお約束を破りましたネ、何をお隠し致しませう、妾はあの時山小屋を訪れた女です、あなたの仰有る通り妾は雪女郎でした雪の精でした。

こういって、雪女郎は正体を顕すと、逃げるように姿を消してしまう。これは、日本の説話の類型、たとえば、狐女房、鶴女房などの異類婚姻譚の伝統的な語りに引きつけられた変化ともいえるだろうが、見方によれば、説話の流布の原点において、母性の凶暴なまでの強さを説くハーンの語りが、高濱によって、ことごとく誤訳されてしまっていたからだともいえる。ハーンの「雪女」から民話「雪女」の変容に高濱のナイーブな誤訳の数々がはたした役割はけっして小さなものではなかったのである。

青木純二「雪女（白馬岳）」

さて、それではここで青木純二の「雪女（白馬岳《しろうまたけ》）」を引用しておこう。すでに述べたように、青木は、明らかに高濱訳の「雪女」を下敷きにしているのに、白馬岳周辺に伝わる口碑伝説であるかのように書き改めて、『山の伝説　日本アルプス篇』に収録した。その結果、リストに掲げた②から⑤へと「伝承」され、戦後のベストセラーである松谷みよ子の『信濃の民話』に再話されると日本各地で「民話」として土着化し、ついには、この白馬岳の「雪女」こそが、ハーンの「雪女」の原拠でないかとまでいわれるようになったのである。

雪女（白馬岳）——青木純二『山の伝説』

それは白馬岳《しろうまたけ》の秋も深んで木の葉もすつかり散つて、冷たい風が屋根から谷を吹き渡る頃であつた。

猟師の茂作と息子の箕吉は山に猟に出かけてゆつた。

思ひがけなく暴風雪《ぼうふうせつ》が襲来した、彼らは途中の山小屋に逃げ込み、寒い一夜を明かすことゝなつた。

それでも、老いたる茂作は、疲れのまゝに寝入つてしまつたが、まだ若い箕吉は、どうしても吹雪の音と、河瀬の騒がしい水音に、なかなか寝入ることが出来なかつた。それでも、いつの間にか寝入つた彼は、ふと、顔に雪の降りかかる冷たさに、ふつと覚めた。見ると、小屋の戸が開いてゐる。ところが、驚くではないか雪光に、室内に一人の女が坐つてゐるのが、ありありとわかる。

その女は、あくまで色が白い。

そして、茂作の上に屈んで、呼吸を吹きかけてゐる。その呼吸が、また、白く光つて見える。

と、女は、今度は、箕吉の方を振り向いて、段々近より、彼の上へ、低くのしかかつて来る。箕吉は、恐ろしくて、声を立てやうとしたけれども、どうしても立てることが出来なかつた。そのうちに、女の頭と、箕吉の顔とは、も少しで触れさうにまでなつた。箕吉は、ぢつと女の顔をみつめた。眼は怖いけれど、大層美しい女だと思つた。

女も亦、暫く彼を眺めてゐたが、やがて、箕吉に向つて囁いた。

『私は、ほかの方のやうに、あなたをあつかはうとは思ひません。あなたはほんたうに美しい方だから、私はあなたを、どうもしますまい。そのかはり、あなたは、今夜のことを、誰にも話してはいけませんよ。たとへ、親身のお母さんにでもお話なさると、私には直《ぢき》とそれが知れますから、その時には、あなたを殺してしまひますよ。このことは、きつと覚えてゐらつしやい。』

から云ひ終つて、その女は箕吉から振り返つて、戸口の方へ逃げてしまつた。

女がゐなくなると、箕吉の身体も自由になれたので、いそぎはね起きて外を眺めたが、もう、女の姿はどこにも見えなかつた。

気がつくと父は冷たく硬《こはば》つて死んでゐた。夜が明けると暴風雪もおさまつたので箕吉は泣く泣く家に帰つた。

翌年の冬の雪の夜、美しい娘が道に行きくれたとて救ひを求めた、箕吉と母は女を歓待して暖かい食物などを与へた。

女の名は小雪といつた。そして、そのまま彼の家に居ついて結婚した、十年後に子供も五人生れた。が、小雪は五人の母になつても美しさがかわらなかつた。

それは或る夜のことであつた。小雪が、行燈《あんどう》の灯《ひ》で裁縫をしてゐるとき、箕吉は、ふと昔のことを考へながら云つた。

『お前が、かうして裁縫をしてゐる顔を灯影《ほかげ》で見てゐると、私が十八の時に出会つた妙な事を思ひ出す。あの時、私の出逢つた女は、今のお前のやうに真白で美しかつた。』と云ふと、小雪は、自分の仕事から眼を離さないできいた。

『お話なさいましな、その女のことを。あなた、何処で、そのかたにお逢ひなさいまして。』

箕吉は、山小舎《やまごや》の中の、恐ろしい雪の夜の事、真白い女が、自分の上にかぶさつて、笑ひながら囁いたこと、父の茂作が、いつの間にか死んだことなどを話した。

『その時、ちよつとの間だつたが、夢うつつに、私は、お前のやうな美しい女を見て、怖いと思つた、その女は、ほんたうに白かつたよ。あれが雪女といふものであらうか。』

から云ふと、それまで、黙つて聞いてゐた小雪は、急に、裁縫を打棄《うつちや》つて起《た》ち上り、

『それは、私、私だつたのですよ。それは雪だつたのですよ。が、あなたは、その事をいつまでも、一言も口外なさらないといふ約束でしたわね。もし、それを破つたなら、私は、い

つでもあなたを殺してしまふといつたことを覚えておいでですか。今こそ、あなたは、それを破つたので、殺される筈なのですが、あなたを殺すことは致しません。けれども、今後、あなたが、子供を粗末にするやうなことがあつたら、私は、あなたをただでは置きませんよ。』

かういふ其声《その》さへ、風のやうに微かに細つて、小雪は、やがて、屋根裏へ出る白い煙と消え山の方へ失せていつた。そして、もう、二度とその姿を見ることは出来なかつた。

青木は元朝日新聞記者であり、文章はそれなりにこなれているが、この全文を読めば、典拠が口碑ではなく、翻訳であることは明らかだろう。高濱訳の「雪女」は、わたしが入力した手元のワード版ファイルで三一九六字、青木の「雪女」は一六八一字であるから、長さはほぼ半分に縮まっている。しかし、それでも山間に伝えられた口碑や伝説を装うには、あまりにも冗長で、また、その表現にも、もとが欧文であった痕跡、あるいは直接、高濱訳を写した跡が随所にうかがえる。

巌谷小波「白馬岳《はくばがだけ》の雪女」

結局、青木の功績は、「雪女」を白馬岳という具体的な地名に結びつけ、まだ誕生したばかりの山岳ロマンスの衣をまとわせたこと、そして、茂作、箕吉を親子にかえて、父を殺した女と結ばれるという、分かりやすい通俗的な伝奇性を強めたことの二点に要約できるだろう。青木がハーンの原作のどの部分に惹かれ、どの部分を嫌い、あるいは拒絶したのか、全文を通読すると手にとるようにわかるのだが、ここではそうした青木個人の嗜好や心理には深入りせずに、むしろ、これほどずさんな翻訳と翻案にもかかわらず、「雪女」が大きく損なわれることなく、青木の出版のわずか五年後には、説話文学集として、遙かに権威ある巌谷小波の『大語園』に「山の伝説」として拾われたことに注目しよう。以下、引用である。

一二三　白馬岳《はくばがだけ》の雪女——巌谷小波編『大語園　第七巻』

或秋のこと、白馬岳（越中越後境）の麓に住む、茂作と云ふ猟師が、息子の箕吉を連れて、山へ猟《かり》に出掛けた。すると思ひ掛けない嵐が起つたので、彼等は途中の山小屋に逃げ込んで、寒い一夜を明す事になつた。

　茂作は疲れの為、直様寝入つてしまつたが、若い箕吉は寝入られぬまゝにまんぢりともせず居ると、急に顔に冷い雪が降りかかつて来たので、不図《ふと》見ると、小屋の戸が開いて居り雪の光に透して見れば、室の中に一人の女が坐つて居た。其女は飽く迄も色が白く、しかも茂作の上に屈みつつ呼吸《いき》を吹きかけるが、其呼吸が又白く光つて見えた。

　それから女は、今度は箕吉の方に近づいて、体の上にのしかかつて来たので、箕吉は恐しくなつて、声も立てずに居ると、女の顔と箕吉の顔とが、もう少しで触れさうになつた時、箕吉は非常に美しい女だと思つたが、女は箕吉のぢつと見詰めて居る瞳を眺め、『今夜の事を誰にも話してはならぬ。たとへ親身《しんみ》の者に話しても、貴方を殺してしまふ』と云ひ終ると、其儘《そのまま》女は戸口の方へ逃げて行つてしまつた。

　女が居なくなると、今迄動く事の出来なかつた身体も自由にする事が出来たので、箕吉は急いで跳起きて、戸口へ赴いて外を眺めたが、女の姿は何処にも見えなかつたので、又室内に引返すと、こは如何に父の茂作は既に硬く冷たい死骸となつて居る。箕吉は夜が明けて嵐の静まるのを待つて、泣く泣く家に帰つた。

　それから一年たつて、翌年の冬の雪の夜のこと、箕吉の家《うち》の前で、美しい娘が道に行きくれたとて救ひを求めたので、箕吉は女を歓待して暖かい食物など与へてやつたが、女はそのまま居ついて、箕吉の嫁となる事になつた。其名を小雪と云つて、十年後には五人の子供も挙げたが、小雪の美しさは何時迄も変らなかつた。

或夜のこと、箕吉は小雪と向合つてゐる中、ふと其小雪の姿から、其昔山小屋で会つた、美しい女の事を想出して、思はず小雪に其事を云ひ辷《すべ》らすと、小雪は自分の仕事の手を止めて、執念《しつこ》く訊問して止まぬので、箕吉は、あの恐しい雪の夜に、真白い美女が自分の上に被さつて来て囁いた事から、父の茂作が何時の間にやら死んだ事を話すと、小雪はいきなり起上つて、『実はそれが私だつたのです。貴方は其事を何時迄も口外なさらぬと云ふ約束でした。今こそ貴方はそれを破つたのだから、貴方を殺す筈ですが、私は貴方を殺しはしない。けれど今後貴女《ママ》が子供を粗末にする様な事があつたら、只では置きません』と云つたまま、小雪は屋根裏に出ると共に、一片の白い煙になつて消え、遂に山の方へ向けて失せてしまひ、それからはもう二度と、其姿を見る事が出来なかつたと云ふ。(山の伝説)

文末にある「(山の伝説)」はもちろん、青木の『山の伝説』を指す出典注記なのだが、どうも、これは山に伝わる伝説であるという一般的な説明に読まれてしまったらしく、巌谷小波の『大語園』の「雪女」が、青木に依拠していることは気づかれなかったようである。『大語園』版は字数でいえば一一二二字で、このリストのなかではもっとも短く、青木よりもさらに三割ほど短くなっている。文章は小波門下の弟子が書いたものらしく、青木より格段にうまい。うっかりすると本当に山に伝わる口碑を取材したのかと思えるほど自然である。注目すべき点としては、ここで早くも箕吉の母が完全に姿を消していることがあげられるだろう。

小柴直矩「煙と消えた雪女」

しかし、説話の伝承というのは一筋縄ではいかないもので、この巌谷小波の大説話集からわずか二年後に出版された、小柴直矩の『越中伝説集』では、箕吉の母親が、あざやかな復活をとげているのである。

今、小柴の「煙と消えた雪女」が、『大語園』の二年後に出版されたといったが、両者が書かれた時期の前後関係は、正確にはわかっていない。というのも小柴の『越中伝説集』は、一九三七（昭和十二）年に出版されてはいるが、一九五九（昭和三十四）年の復刻版の後書きによれば、「本書は、大正十五年九月富山県町村長会の機関紙『富山自治』の創刊以来、毎号寄稿の越中伝説を昭和十一年三月まで、十一か年分を四〇〇有余題に収容して一本に取りまとめたものである」[*4]とあるので、この機関紙にはもっと早く（ただし、青木の昭和五年よりも早く、ということはないだろうが）、『大語園』よりも先に発表されていた可能性があるからである。これは『富山自治』のバックナンバーを調べればわかることなのだろうが、今はその余裕がないので、とりあえず、単行本の出版年を成立年として、リストの4に置いておく。以下、紹介するが、残念ながら一九三七年の原本が入手できなかったため、引用は、一九五九年の復刻版（新仮名遣い、一六五―七頁）に拠っている。

二八四　煙と消えた雪女――小柴直矩『越中伝説集』

白馬山は信濃・越後・越中三国にまたがる霊山で、既に日本アルプス国立公園候補地に内定された一連峰でありまして、地域は越中に大部分を占め元は大蓮華山と称え来ました。

時は山の秋も深まって冷たい風が谷を吹き渡る頃、猟師の茂作という者が一人息子の箕吉をつれ山へ猟に出掛けました。俄然思いがけない暴風雨が襲い来ましたので二人はあわてて途中の山小屋に逃げ走り、寒い一夜をあかすことになりました。年老いた茂作は疲れのためすぐ眠ってしまいました。箕吉はどうしても吹雪の音に眠ることが出来ません。そのうちいつの間にか寝入りました。彼はふと降り頻る雪の寒さに目覚め、あたりを見回しますと不思議にも小屋の戸が開いています。びっくりして雪の光りにすかすと室内に一人の美しい女が座っているのをありありと認めました。

かの女は飽くまで色真白にして茂作の上座にかがんで息を吹きかけています。その息は白く光って見えます。今度は箕吉の方を振り向いて段々近づいて来ます。箕吉は身の毛もよだってこわく、声を立てようとしたが何うしても出来ません。かくする中、女の頭が箕吉の顔に触れそうに見えたので、絶体絶命ふと気を取り直しじっと女の顔をみつめました。女は容姿艶麗で言葉やさしく

『私はほかの方のように、あなたをあつかおうとは思いません。あなたはほんとうに美しい方だから私はあなたをどうもしますまい。そのかわりあなたは今夜のことを誰にもお話して下さるな、万一誰かにお話になったら私はあなたを殺してしまいます』

といって女はどこともなく逃げてしまいました。かくて夜が白らみ気が付くと父は冷たくなっていました。箕吉の驚きは一方ならず泣く泣く遺骸をかつぎ家に帰り、野辺の送りを懇《ねんご》ろに営みました。

翌る年の雪の冬、美しい一人の娘が道にゆきくれたといって救いをもとめました。同情深い箕吉と母は気の毒に思いあたたかい飯などあたえあつくもてなしました。娘の名は小雪といい、そのままこの家にとどまり箕吉の母には生みの母にも優る親切を以《もっ》て仕え、遂に母のなかだちで箕吉と婚を結び一家円満に生活を送り、十年後五人の母となりましたが、美しさは以前と少しも変わりませんでした。

ある夜のこと小雪が行燈の明りで裁縫していますと、箕吉はふと昔のことを胸に浮べ『お前の顔を見ると私が十八才のときにあった妙なことを思い出す、あの時出逢った女は今のお

前のように青白く美しかった』
と語りますと、小雪はじっと耳を澄ましてそれを聞いていましたが
『お話なさいましたその女とどこでお逢いになりましたか』
　箕吉は山小屋の中の恐ろしかった雪の夜の出来事をつぶさに物語りますと、小雪は顔色をかえてすっと立ち上りました。
『何をかくしましょう、それは私だったんです。あなたは約束をお破りになりましたね。けれども私は今あなたをなくそうとはしません。そのかわり子供をどうぞ大切に育てて下さいませ』
と風のような細い声をたて、やがて屋根裏に出ると白い煙と消え、二度とその姿を見せなかったと伝えます。

　物語の長さは、字数でいえば一二四八字で、『大語園』とほぼ同じであるが、ただちに目をひく特徴として、箕吉の母が奇妙な形で復活を遂げていることがあげられるだろう。小柴の再話は、全体として明らかに青木の『山の伝説』に依拠している。それは次の雪女のセリフを比較するだけでわかる。

（小柴）『私はほかの方のように、あなたをあつかおうとは思いません。あなたはほんとうに

美しい方だから私はあなたをどうもしますまい。』

（青木）『私は、ほかの方のやうに、あなたをあつかはうとは思ひません。あなたはほんたうに美しい方だから、私はあなたを、どうもしますまい。』

それにもかかわらず、小柴の再話には、青木の翻案では「箕吉と母は女を歓待して暖かい食物などを与へた」という一行にしか登場しない母親が、小雪の孝行に感銘し、箕吉との仲を取り持つという重要な役割を与えられて、再登場しているのである。

「同情深い箕吉と母は気の毒に思いあたたかい飯などあたえあつくもてなしました。娘の名は小雪といい、そのままこの家にとどまり箕吉の母には生みの母にも優る親切を以て仕え、遂に母のなかだちで箕吉と婚を結び一家円満に生活を送り〔後略〕」

この箇所で、小柴が青木ではなく、ハーンに依拠しているのは明らかなのだが、しかし、普通にハーンを参照すれば、たとえば以下の第一書房版の田部隆次訳のようになるはずである。

お雪の立居振舞は、そんなによかつたので、巳之吉の母は急に好きになつて、彼女に江戸への旅を延ばすやうに勧めた。そして自然の成行きとして、お雪は江戸へは遂に行かなかつた。彼女は「お嫁」としてその家にとどまつた。

お雪は大層よい嫁である事が分つた。巳之吉の母が死ぬやうになつた時——五年ばかりの後——彼女の最後の言葉は、彼女の嫁に対する愛情と賞賛の言葉であつた。[*5]

それがなぜ、「母のなかだちで箕吉と婚を結び」となって、「なかだち」というハーンの原文にはない、奇妙な役割が登場するのか。それは結局、小柴の参照したのが、ハーンの原文ではなく、また第一書房版のような正しい訳文ではなく、あの間違いだらけの高濱訳だったからなのである。今日、ハーン研究のうえでは、ほとんど無視されている高濱の訳は、このように「雪女」の民話化においては、意外なほど大きな影響力をもっていた。

（高濱訳）お雪は、良い養女になつた。それから五年ばかり後だ、箕吉の母は、臨終に、息子の嫁になつて呉れと遺言した。

この、なんとも不思議な「遺言」という誤訳が、母の「なかだち」に変化し、ひょっとするとこの先、越後の国の「銀山平の雪女」伝説においては、主人公の吾作が叔母の「仲立ち」でお雪と結婚するという別伝を産み出しのかもしれない。

村沢武夫「雪女郎の正体」

本書の前半において、白馬岳の雪女伝説は、地方の説話としてハーンの「雪女」とは別個に伝承されて、これを再度、ハーンの原作と「戻し交配」し、芸術的に完成させたのが松谷みよ子の功績であるであると書いたが、それ以前にも、白馬岳の雪女伝説は、ハーンの原話とひそかに交雑していたらしい。さて、それではリストの最後、⑤の村沢武夫「雪女郎の正体」をみておこう。

「雪女郎の正体」——村沢武夫『信濃の伝説』

白馬嶽の晩秋といへば木の葉といふ木の葉はもうすつかり散りはてて世はまぎれもなき冬の姿となり、と云つてスキーには早くこの山に登ると云へば猟師位のものとなるのである。その頃のことであつた〔〕この山麓の猟師茂作と息子の箕吉とが猟に出かけたのは、ところが思ひがけなくもひどい暴風に雪さへ交へて登山の見込がたたなくなつたので二人は止むなく途中の山小屋に辿りつきゐろりを囲んで此処に一夜を明かすこととなつた。
話はこの辺からはじめねばならぬが父の茂作は昼間の疲れが出たのであらうか、すやすやと軽い鼾《いびき》さへ立てて寝入つてしまひ箕吉もそれに吊りこまれて遂《と》うとうと眠くなつたかと思ふとたん一人の若い美しい女が戸口にあらはれて囁くことに、

あなたは本当に綺麗なお方です、妾《わたし》はあなたを見たらたまらなくすきになりました、然《しか》し今夜からうして妾とお逢したことはどんな人にもお話し下さるな。若《も》しお話になつたときはあなたの命はありませんぞ。

と言ひ終るか終らぬうちに女の姿は見えなくなつてゐた。箕吉はあまりのことに驚いて傍らに眠つてゐた父をゆり動かしてそのことを話さうとした、ところがどうでせう茂作は既にこの世の人ではなかつた。そして一人の父を失つた箕吉の悲しみ歎きなどはここに省略するがこんなことがあつてから一年過ぎた或る寒い冬の夜のこと、箕吉の家に行き暮れて一夜の宿を求むる美しい娘があつた、顔は雪のやうに真白で気立ては至つておとなしく名前をきけば小雪と云つてゐた。そしてこんなことに見そめた二人は結婚することとなり、十年の後には五人の母親となつてゐた。

しかし小雪はそんなに子供を生んだ人なのに面《おも》やつれすることなく、昔のやうに美しく若々しく小雪さん小雪さんで村の衆の評判であつた。

それは或る夜のことであつた〔。〕行燈の下で余念なく子供の着物を縫つてゐる妻の美しさに十一年前のあの山小屋で見た女のことをふと思ひ出した箕吉は、「お前がからうして縫物をしてゐる横顔を灯影で見てゐると昔出会つた女そつくりだ、顔の色は真白で本当に美しくあれが世に謂《い》ふ雪女郎と云ふものかもしれない。」と十一年前のあの山小屋であつた恐ろしい夜のこと父のことなど涙さへ浮べて物語るのであつた。

すると小雪は仕事する手をやめてはじめは聞いてゐたが、急になに思ひ出したのか縫物を捨てて立ち上つたかと思ふと、

とうとうあなたは一言も口外になさらないと誓つたお約束を破りましたネ、何をお隠し致しませう、妾はあの時山小屋を訪れた女です、あなたの仰有る通り妾は雪女郎でした雪の精でした。

と言ふ小雪の声は恨みに燃えて小さく顫《ふる》へてゐたかと思ふと小雪は燈のやうに消え去つた。箕吉は今更ながらどうすることも出来ず、只呆然としてゐるより外なかつた。（北安曇）

字数でいえば一一三一字で、もっとも短い『大語園』よりわずかに九字だけ長い。系統からいえば、すでに指摘したように、「灯影」という特徴的な用語の使用から推して、明らかに青木の『山の伝説』によったものであろう。しかし、そこまで引き写したにしては、ずいぶんと奇妙な欠落も目立つ。たとえば、雪女が白い息を吹きかけ茂作の命を奪う場面がないし、また、最後でも、「小雪」は、正体を顕すや、箕吉を殺すとも許すともいわず、子供について一言もふれないまま、逃げるように姿を消してしまう。「雪女」は土着化し、とうとう、鶴女房や狐女房と変わらない無害な異類婚姻譚に変貌したというべきなのか、それとも、欠落した場面が、義父殺しで

あり、夫への恐喝であることから、一九四一（昭和十六）年という刊行年もあわせ考えると、厳しくなる一方の検閲に配慮したものなのか、わたしはまだ決めかねている。

いずれにせよ、松谷みよ子は戦後、表向きは、この村沢版「雪女郎の正体」に依拠して、白馬岳の雪女伝説を安曇野の伝説として『信濃の民話』に採録したのであるが、村沢の伝承があまりにも貧弱であったために、実質的にはハーンによりながら再話したのだと思う。こうして白馬岳の雪女伝説は、松谷の「雪女」の登場をもって初めて、芸術的に鑑賞可能なレベルに達したのであるが、『信濃の民話』が未來社から一九五七（昭和三十二）年に刊行され、おりから到来した民話ブームにのって、大ベストセラーになったことで、民話「雪女」は、本物の民話として受け入れられ、広まってゆくのである。それは戦後の活字やラジオにとどまらず、一九五〇年代中頃に登場したテレビという新時代のメディアにも変換され、従来とは比較にならない規模と速度で各地に伝播していった。一九六〇年代にはいってから、昔話・民話の研究者が、地方に足を運び、記録・収集した「雪女」の伝承のかなりの部分が、実はこうしてまき散らされた新たな種子に由来しているのではないかとわたしは思っている。

なぜ「雪女」は越境するのか

「雪女」は、本来、英語圏読者のために英語で創作された近代的な短編小説だったのだが、いくつかの翻訳と翻案を経るうちに、いつしか日本固有の伝説として地方に根づき、口碑として語りつがれ、ついには、昔話・民話として人々の間に記憶されるようになった。その、言語・ジャンル・メディアの境界を自在に横断するさまは、二十世紀という越境の時代にあっても異様に感じられるのだが、ハーンの数ある怪談のなかで、なぜ「雪女」だけに、そうした自由な横断と越境が許されていたのだろうか。その理由の第一は、ハーン自身が「これは武蔵国の農夫から聞いた話である」と書くことで、物語の出自をことさらあいまいにし、著作者としての名誉と権利を放棄していたからにちがいない。なぜ、そんなことをしたのか、その隠蔽の真の動機については、今のところ推測するしかないのだが、とりあえずこの本では、当時のハーンの著作のスタンスと名声が、純粋な創作者というよりも、日本紹介者・ジャパノロジストとしてのそれであったこと、そして、作中の「お雪」に亡き母への禁忌的な愛情が投影されていることの二点をあげておいた。

そしてその理由の第二は、「雪女」が日本の伝統的説話文学にはおよそ見られない新鮮な魅力と特徴をもっていたからだろう。たとえば、これほど短い物語なのに、主要な登場人物には、くっきりとした個性が与えられ、冒頭の嵐の夜から、中盤を彩る恋の道行を経て、お雪が天井裏に姿を消すまで、物語は、一貫してリアリズムに由来するきわめて正確な描写と語りによって進められていく。

これは普通、口承物語にはありえない性質である。そして、きわめて技巧的でありながら、その人工性をいささかも感じさせないほど完璧に計算されたプロット。作中の初めと終わりにだけに出現する雪女は、相手を見下ろす威圧的な姿勢と言葉でもって、少年巳之吉と夫・父となった巳之吉に、許しとともに、あらたな禁忌を与え、喜びと恐怖を均衡させる。さらに、その許しに「子供」と「母性」をかかわらせることで、作中に横溢する女神のエロティシズムとそれに翻弄される側のマゾヒズムを巧みに抑制し、永遠に女性的なるものの支配を、その支配者と被支配者の双方に同等の悲しみを与えることで、「人間的」な悲劇を造形することに成功している。神と人、女と男、母と子、妻と夫、支配と被支配、越境と懲罰、禁忌と破約、いくつもの記号と境界が重なり交差しつつ均衡を保ち、これほど短い単純な物語のなかに豊かで重層的な意味を与えている。

近代西洋ロマン主義が遙か極東の島国で、ハーンという類いまれな個性に、雪女という格好の素材を与えることで、奇跡のように凝結した、たとえようもなく美しい珠玉の物語。それが、「口碑」として日本の地方の語り手たちに無償で提供されたのである。その翻案と民話化は、青木純二という一個人のモラルの問題ではなく、もはや誰にも止めようのない、「語り」の近代化の必然の成り行きだったのである。

「雪女」の伝播は、そうした西洋近代ロマン主義の、新たな主題と語りの、地方口承文芸への伝播・学習として考えるべき問題だろう。日本の有名無名の語り手たちは、時にはそのあまりにも清新な主題に困惑し、拒否・変質させながらも、時には、それを大胆に取り入れ、白馬岳の伝説以外の無数の新たな「雪女」を誕生させ、さらには、隣接する別系統の民話や伝説まで「雪女」化させていったのである。

第七章　註釈

1　小柴直矩『越中伝説集』、富山郷土研究会、一九三七年。
2　註Ⅵ-1参照。この文献の存在についてご教示いただいた島根県立大学短期大学部の小泉凡先生にこの場を借りてお礼申し上げる。
3　以下、ハーンの「雪女」原文の引用は、*Writings of Lafcadio Hearn*, Boston & New York, 1922, vol. XI. による。
4　『越中伝説集（富山県郷土史会叢書第四）』、富山県郷土史会、一九五九年。
5　『小泉八雲全集　七』（註Ⅰ-12）、二五七頁。

初　出

単行本

〈転生〉する物語―小泉八雲と「怪談」の世界　二〇一一年六月、新曜社

ハーンのまなざし　文体・受容・共鳴（「越境する「雪女」―白馬岳の雪女伝説と「民話」の近代化―」）

二〇一二年三月、熊本出版文化会館

論文

辺見じゅん「十六人谷」伝説と「雪女」

―「人に息を吹きかけ殺す」モチーフと民話の語りにおける伝統の創出

（その一）二〇一二年一〇月、「近代」一〇七号

（その二）二〇一三年一一月、「近代」一〇九号

「雪女」から『夕鶴』へ―近代民話におけるラフカディオ・ハーンと木下順二の役割

二〇二〇年七月、「近代」第一二一号

あとがき

本書は、二〇二三年三月に電子版で出版した『「雪女」、百年の伝承 ―辺見じゅん・木下順二・鈴木サツ・松谷みよ子・ラフカディオ・ハーン』が元になっている。その後、幻戯書房より書籍化の提案をいただき、すぐに編集作業が始まったが、その過程で、編集部より形式や内容の改変について貴重な提案をいただいた。また、わたしのほうでも、本書の前半に取り入れた『〈転生〉する物語―小泉八雲「怪談」の世界』（新曜社）について、以前頂戴した批判や書評のご意見について、十分に対応できていなかった部分があり、これについても今回手を入れることにした。

その主なものをあげると、書評では、河島弘美『比較文学』（五四巻、一四九―五一頁）、稲賀繁美『比較文学研究』（九八号、一五〇―五頁）の二つ。論文では牧野陽子「「雪女」の〝伝承〟をめぐって：口碑と文学作品」『成城大學經濟研究』（二〇一号、一一八―九二頁）である。また東京大学名誉教授の杉田英明さんからは、私信という形でご意見いただき、これも参考にしている。

ということで、本書は大まかな内容については、電子ブック版とほぼ同一であるが、改稿によって、こちらのほうが、はるかに読みやすく、論旨も理解しやすくなっている。電子ブック版を経験してあらためて思ったのだが、本の執筆や編集は、決してひとりでできるものではない。ご批評いただいた方、そして丹念に原稿に目を通し、さまざまな角度から改稿の提案をしてくださった幻戯書房編集部の方々に心よりお礼申し上げる。

二〇二三年八月

著　者

遠田勝（とおだ・まさる）
一九五五年東京生まれ。早稲田大学政治経済学部政治学科卒業、東京大学大学院人文科学研究科（比較文学比較文化修士課程）修了。神戸大学大学院国際文化学研究科教授を経て神戸大学名誉教授。
専門は英米文学、比較文学。小泉八雲（ラフカディオ・ハーン）研究を中心に、明治期のジャパノロジー、外国人の見た神道、近代の「民話」などに関する著書、訳書、論文多数。主な著書に『小泉八雲回想と研究』（講談社学術文庫、一九九二、共著）、『世界の中のラフカディオ・ハーン』（河出書房新社、一九九四、共著）、『小泉八雲事典』（恒文社、二〇〇〇、共著）、『〈転生〉する物語―小泉八雲と「怪談」の世界』（新曜社、二〇一一）などがある。

「雪女」、百年の伝承
――辺見じゅん・木下順二・鈴木サツ・松谷みよ子・そしてハーン

二〇二三年十月十日　第一刷発行

著　者　遠田　勝
発行者　田尻　勉
発行所　幻戯書房
郵便番号一〇一‐〇〇五二
東京都千代田区神田小川町三‐十二
電　話　〇三‐五二八三‐三九三四
ＦＡＸ　〇三‐五二八三‐三九三五
ＵＲＬ　http://www.genki-shobou.co.jp/
印刷・製本　中央精版印刷

ISBN978-4-86488-283-5　C0095